HSK主催機関認可

新HSK

必ず☆でる単 スピードマスター

初中級800語

原著作 李 禄興 中国人民大学副教授

日本語版監修 楊 達 早稲田大学教授

Jリサーチ出版

はじめに

中国語学習と単語学習

宇宙人が地球語を学ぼうとしたら、私は中国語が一番易しいと教えてあげたいです。品詞、時制、格や性別による語形の変化もありませんし、単語を（事柄が発生する）時間軸上に並べればおおよその意思が伝わります。ましてや言語に漢字が含まれている日本人にとっては、より学びやすい言語です。

さらに言えば、中国語は単語学習による効果が最も大きい言語である、とさえ思います。

発音が他の単語との兼ね合いで不規則に変わることはありませんし、文法も比較的易しいです。それだけにどう単語を学習するか、がより重要であると言えます。

HSK4 級について

公式シラバス『HSK 考试大纲 四级』(2015 年版) によれば、四級の受験者が覚えるべき単語数は 1200 語となっており、三級の語彙を除けば 600 語を覚える必要があるとされています。目安として１年半～２年の学習歴をもつ、いわば初中級から中級程度の中国語学習者を対象にしており、中国語の運用力をつけていく、実用中国語の入門とも言える級です。

「HSK 必ず☆でる単」シリーズ

「HSK 必ず☆でる単」シリーズは HSK に出る語彙を各級に対応して収録した初の単語帳で、本書はそのシリーズの第 4 弾となります。2015 年の最新のシラバスに対応した 4 級の語句を中心に覚えることができます。持ち運びが便利なサイズなので、通勤・通学中などのスキマ時間に学習が可能です。

また、初中級～中級レベルの段階では、語彙の意味だけでなく、その使い方をも習得しなければなりません。その意味で多義語（複数の意味を持つ単語）や類義語（似た意味を持つ単語）の使い分けを覚えることが重要なポイントになってきます。本書は学習者の皆さんが語彙の使い分けをより記憶しやすいように、全ての語句に 2 つの例文を音源つきで入れたほか、文法や中国語特有の表現に関する解説も加えて、工夫しています。

試験対策にも、「話せる」中国語のためにも本書をおすすめいたします。

日本語版監修　楊 達

中国語学習には HSKが最適!

HSKとは?

中国語試験の中でも、HSKは中国政府が認定している資格です。中国政府教育部（日本の文部科学省に相当）直属の機関である「孔子学院総部／国家漢弁」が主催しており、世界118か国・地域で実施されています。試験はすべて中国語で行われ、筆記試験は入門レベルの1級から上級レベルの6級まで、スピーキング能力を計る口頭試験は初級・中級・高級が設定されています。

HSKの特徴① 就職・留学・転職で使える!

中国政府が公認するHSKの成績報告は、中国をはじめとする世界各国で中国語能力の公的証明となります。例えば正規学部生として中国の理系大学へ行くにはHSK4級、文系大学ではHSK5級が必要となるケースがほとんどです。また、日本国内企業への就職時はもちろん、どの国の企業への転職でもHSKの資格を活用することができます。

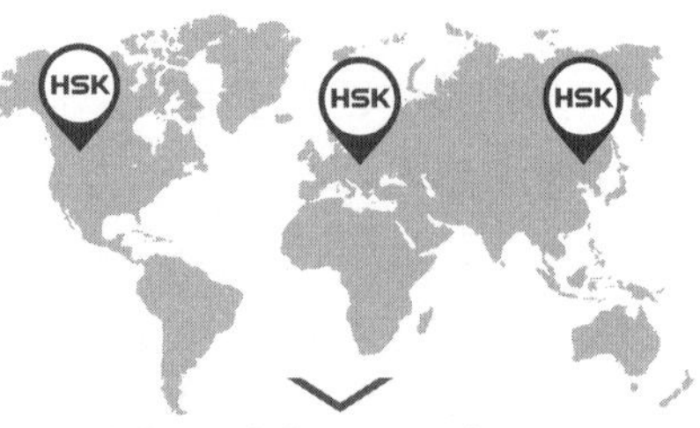

HSKの特徴② 初心者から上級者まで幅広いレベル設定!

大学の第二外国語として3～4か月程度学んだ学習者が合格できる入門者向けの１級から、5000語以上の常用単語を使いこなす上級者向けの６級まで、幅広い学習者に対応！

	級	各級の目安レベル	学習期間・語いの目安	
上級	6級	・中国語の情報をスムーズに読み書きできる ・会話や文章により、自分の見解を流暢に表現できる	・約5000の常用単語習得	
	5級	・中国語の新聞・雑誌を読め、中国語のテレビや映画を鑑賞できる ・中国語で比較的整ったスピーチを行える	・週2～4回の授業で約２年間以上学習 ・約2500の常用単語習得	
	4級	・中国語で広範囲の話題について会話ができる ・中国語を母国語とする相手と比較的流暢にコミュニケーションをとれる	大学の第二外国語における	第二年度後期履修
	3級	・生活・学習・仕事などの場面で基本的なコミュニケーションをとれる ・中国旅行の際、大部分のことに対応できる		第二年度前期履修
	2級	・中国語を用いた簡単な日常会話を行える		第一年度後期履修
初級	1級	・中国語の非常に簡単な単語とフレーズを理解し、使用できる		第一年度前期履修

※出所：HSK公式ページ「各級の紹介」

HSKの特徴③ 効率的な語い学習ができる!

HSKでは、主催者である「孔子学院総部／国家漢弁」が、学習者が覚えるべき語句を級別に指定しています。その指定された語句はHSK各級の試験で頻出するため、語いの学習とHSKの受験を両方こなすことで、効率的に語いを増やすことができます。

	指定されている語句の数
１級	150
２級	300
３級	600
４級	1200
５級	2500
６級	5000

HSKの特徴④ 中国語試験の中で国内でも最も受験者数が多い!

2018年には中国語検定の受験者数を4000人以上上回り、国内海外ともに受験者数No.1の中国語試験となりました。

※2019年11月現在の情報です

本シリーズのご紹介

「新 HSK 必ず☆でる単スピードマスター」とは

人気シリーズ「必ず★でる単スピードマスター」
HSK 版！

「必ず☆でる単スピードマスター」は、試験に必ずでる単語を短期間でマスターできる、J リサーチ出版の単語帳人気シリーズです。コンパクトで単語の量もちょうどよく、見やすいレイアウトで、特に TOEIC 対策のシリーズが人気となっております。本書は、コンパクトさと見やすさをそのままに、就職と留学に唯一使える中国語試験 HSK を対策できる新シリーズとなります。

HSK 試験シラバスに完全準拠し、
過去問題を徹底分析！

本書は、HSK のシラバスである『HSK 考试大纲 四级』の最新版に準拠しております。最新版のシラバスに掲載されている語句を「HSK 指定語句」として表示しているほか、2016 年実施分の試験で使用された語いを調査し、厳選した語句を「頻出語句」として掲載しています。

北京語言大学出版社の書籍を再編集し、
HSK 主催者から認可を受けた単語帳！

本書は、中国の北京語言大学出版社が 2014 年に出版した『新 HSK5000 词分级词典（四～五级』に基づいて、『HSK 考试大纲』の最新版に合わせて変更を加え、日本人向けに再編集したものです。HSK を主催する「孔子学院総部／国家漢弁」からも認可を受けた単語帳となります。

特　徴

① 完全級別対応のHSK単語帳！
　自分のレベルに合った語いを集中的に学べる！
② 中国語教育で最高峰の
　“北京語言大学出版社”のコンテンツを使用
③ 元NHKラジオ・テレビの講師で早稲田大学教授の
　楊達先生が監修
④ HSK主催機関が級別に指定した語句はもちろん、
　試験に出た語句や日常生活でよく使われる語句も収録。
⑤ 初中級レベルでは、全語句に2例文つき！
　豊富な例文で用法もわかる

● HSK 4級の受験の目安について

HSK 4級の受験の目安は、「大学の第二外国語における第二年度後期履修程度の学習歴。幅広い範囲にわたる話題について、中国語でコミュニケーションをすることができる」ことです。

※詳細は下記にお問い合わせください。
　一般社団法人日本青少年育成協会　HSK日本実施委員会
　東京都新宿区神楽坂6-46　ローベル神楽坂ビル7F
　TEL 03-3268-6601
　ホームページ：http://www.hskj.jp

目次

はじめに……2
HSK（漢語水平考試）とは……4
本シリーズのご紹介……6
本書の使い方……10
音声ダウンロードについて……12

第1章　HSK指定語句600

名詞……14
動詞……88
形容詞……148
副詞……178
接続詞……192
量詞……200
介詞……204
代名詞……206
助詞……208
助動詞・数量詞・フレーズ……210

第2章　頻出語句200

名詞……216
動詞……240
形容詞……258
接尾辞……264
副詞……268
方位詞・助動詞・量詞……270

助詞・疑問詞・介詞・代名詞・フレーズ……272

◇　◇　◇

指定語句の中の１文字・２文字のみで成り立つ語句
（減字默认词）……214
指定語句の字を組み合わせてできる語句
（重组默认词）……284
試験にでる中国の固有名詞・呼称（特例词）……286

ピンインアルファベット順 見出し語索引

級別
指定語句……289
頻出語句……294
全語句……296

本書の使い方

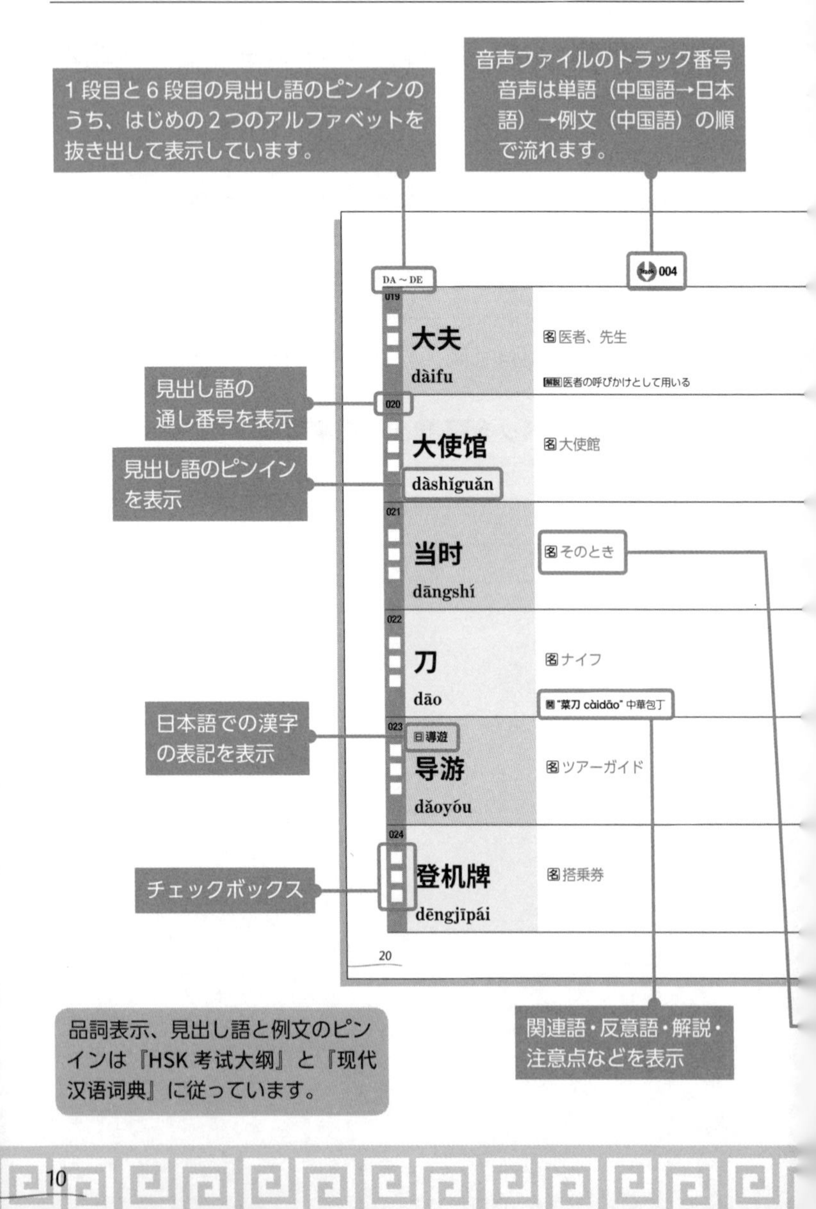

品詞表示、見出し語と例文のピンインは『HSK 考试大纲』と『现代汉语词典』に従っています。

凡例

動 動詞　名 名詞　形 形容詞　副 副詞　助動 助動詞　助 助詞　疑 疑問代名詞　介 介詞
量 量詞　間 間投詞　方補 方向補語　可補 可能補語　結補 結果補語　接 接続詞　固 固有名詞　接尾 接尾辞　接頭 接頭辞　数量 数量詞　数 数詞　フ フレーズ　日 日本語の漢字表記
↔ 反意語　≒ 同義語　関 関連語　コロ コロケーション　解説 意味などの詳しい解説　⚠ 注意

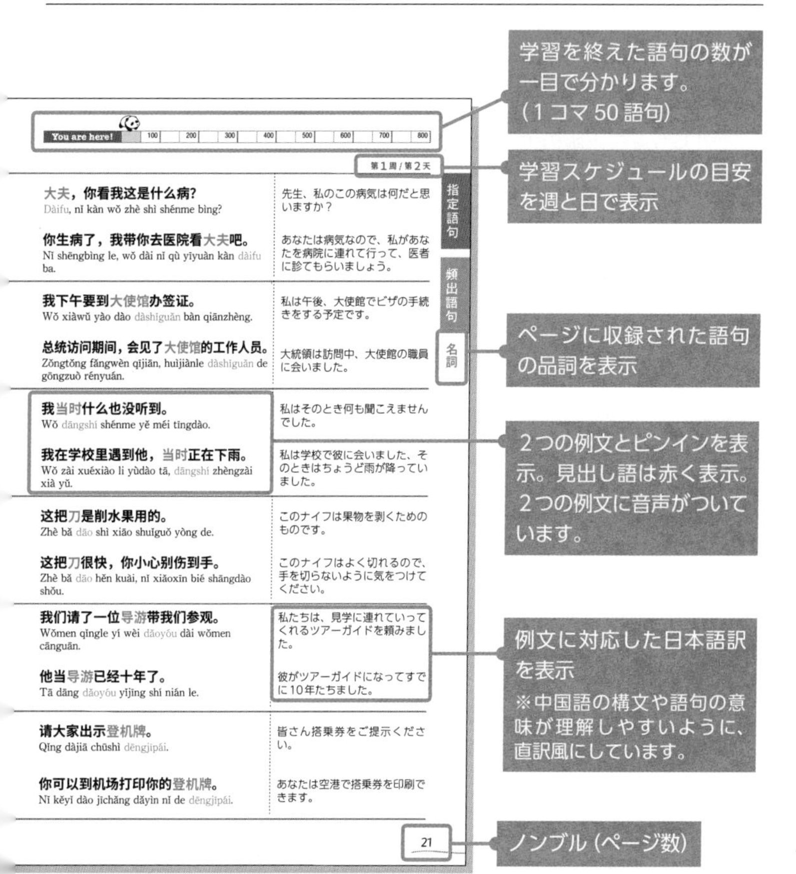

見出し語訳を表示
※見出し語の別の品詞の意味も表示

赤シートを使用すると見出し語訳が消えます。

音声ダウンロードについて

STEP 1 商品ページにアクセス！ 方法は次の３通り！

①右のコードを読み取ってアクセス。

② https://www.jresearch.co.jp/book/b497245.html
を入力してアクセス。

③Ｊリサーチ出版のホームページ
(https://www.jresearch.co.jp/) にアクセスして、
「キーワード」に書籍名を入れて検索。

STEP 2 ページ内にある「音声ダウンロード」ボタンをクリック！

STEP 3 ユーザー名「1001」、パスワード「24734」を入力！

STEP 4 音声の利用方法は２通り！ 学習スタイルに合わせた方法でお聴きください！

①「音声ファイル一括ダウンロード」より、ファイルをダウンロードして聴く。

②▶ボタンを押して、その場で再生して聴く。

〈ご注意〉

- ダウンロードした音声ファイルは、パソコン・スマートフォンなどでお聴きいただくことができます。一括ダウンロードの音声ファイルは .zip 形式で圧縮してあります。解凍してご利用ください。ファイルの解凍が上手く出来ない場合は、直接の音声再生も可能です。
- 音声ダウンロードについてのお問合せ先
toiawase@jresearch.co.jp（受付時間：平日９時～18時）

HSK 指定語句 600

『HSK 考试大纲 四级』（HSK 試験シラバス）2015 年版で 4 級の語句として指定されている 600 語句を品詞別、ピンインアルファベット順で掲載しています。

名詞……………………………14
動詞……………………………88
形容詞………………………… 148
副詞…………………………… 178
接続詞………………………… 192
量詞ほか……………………… 200

名詞

001

AI ～ BO

001

爱情
àiqíng

名 愛情

解説 主に男女間の愛を指す

002

包子
bāozi

名（中にあんが入った）中華まんじゅう

003

标准
biāozhǔn

名 基準　形 標準的な

004

表格
biǎogé

名 表、フォーム

005

饼干
bǐnggān

名 ビスケット

006

博士
bóshì

名 博士

他与妻子的爱情故事感动了身边所有的人。 Tā yǔ qīzi de àiqíng gùshi gǎndòngle shēnbiān suǒyǒu de rén.	彼と妻の恋愛物語は周りのすべての人を感動させました。
这个大学生收获了事业，也收获了爱情。 Zhège dàxuéshēng shōuhuòle shìyè, yě shōuhuòle àiqíng.	この大学生は事業も手に入れ、愛情も得ました。
这些小包子都是猪肉白菜馅儿的。 Zhèxiē xiǎo bāozi dōu shì zhūròu báicài xiànr de.	これらの小さいパオズはみんな豚肉と白菜の餡です。
他早上一般吃包子，喝粥。 Tā zǎoshang yìbān chī bāozi, hē zhōu.	彼は朝、ふつうパオズやお粥を食べます。
公司招聘人才有一套严格的标准。 Gōngsī zhāopìn réncái yǒu yí tào yángé de biāozhǔn.	会社が人を採用するには、厳しい基準があります。
他会说一口标准的英语。 Tā huì shuō yì kǒu biāozhǔn de Yīngyǔ.	彼は標準的な英語を話すことができます。
请你填一下这张表格。 Qǐng nǐ tián yíxià zhè zhāng biǎogé.	この表を記入してください。
我发现这个表格里的数字有不少错误。 Wǒ fāxiàn zhège biǎogé li de shùzì yǒu bù shǎo cuòwù.	私はこの表の数字に多くの間違いがあるのを見つけました。
他早饭就吃了几块饼干。 Tā zǎofàn jiù chīle jǐ kuài bǐnggān.	彼は朝食にビスケットを何枚か食べただけです。
她送给我的那包巧克力饼干非常好吃。 Tā sònggěi wǒ de nà bāo qiǎokèlì bǐnggān fēicháng hǎochī.	彼女が私にくれたあのチョコレートビスケットはとても美味しいです。
他是博士毕业，很有水平。 Tā shì bóshì bìyè, hěn yǒu shuǐpíng.	彼は博士課程を修了しており、とても教養があります。
他博士毕业后，找到了一个研究单位。 Tā bóshì bìyè hòu, zhǎodàole yí ge yánjiū dānwèi.	彼は博士課程を修了した後、研究職につきました。

007	**部分** bùfen	名 部分　形 部分的な
008	**材料** cáiliào	名 原材料、素材、資料
009	**餐厅** cāntīng	名 レストラン
010	**厕所** cèsuǒ	名 トイレ
011	**长城** Chángchéng	固名 万里の長城
012	**长江** Cháng Jiāng	固名 長江 解説 中国大陸の華中地域を流れる、世界第3位ので第3番目に長い河川。日本では「揚子江」としても知られる。

这篇文章包括三个部分。 Zhè piān wénzhāng bāokuò sān ge bùfen.	この文章は3つの部分で構成されています。
一部分人同意这个意见，另一部分人反对。 Yíbùfen rén tóngyì zhège yìjiàn, lìng yíbùfen rén fǎnduì.	一部の人はこの意見に賛成しましたが、反対する人もいました。
盖房子的材料都准备好了。 Gài fángzi de cáiliào dōu zhǔnbèihǎo le.	家を建てる材料は準備できました。
这些经历都是写小说的好材料。 Zhèxiē jīnglì dōu shì xiě xiǎoshuō de hǎo cáiliào.	これらの経験は小説を書くよい素材になります。
我每天中午都在大学的餐厅吃饭。 Wǒ měitiān zhōngwǔ dōu zài dàxué de cāntīng chī fàn.	私は毎日お昼に大学のレストランでご飯を食べます。
火车站附近有很多小餐厅。 Huǒchēzhàn fùjìn yǒu hěn duō xiǎo cāntīng.	駅の近くには多くの小さなレストランがあります。
他上厕所了，一会儿就回来。 Tā shàng cèsuǒ le, yíhuìr jiù huílai.	彼はトイレに行きました、すぐに戻ってきます。
男厕所在二楼，女厕所在三楼。 Náncèsuǒ zài èr lóu, nǚcèsuǒ zài sān lóu.	男性トイレは2階に、女性トイレは3階にあります。
我们明天要去游览长城。 Wǒmen míngtiān yào qù yóulǎn Chángchéng.	私たちは、明日万里の長城に観光に行きます。
他们爬到了长城最高的地方，兴奋极了。 Tāmen pádàole Chángchéng zuìgāo de dìfang, xīngfèn jí le.	彼らは万里の長城の最高地点に着いて、非常に興奮しました。
这座大桥连接长江两岸。 Zhè zuò dàqiáo liánjiē Cháng Jiāng liǎng'àn.	この大きな橋は長江の両岸を結んでいます。
明天我想去长江三峡旅游。 Míngtiān wǒ xiǎng qù Cháng Jiāng sānxiá lǚyóu.	明日、私は長江の三峡に旅行に行きたいと思っています。

013	**厨房** chúfáng	名台所
014	**传真** chuánzhēn	名ファックス
015	**窗户** chuānghu	名窓
016	**词语** cíyǔ	名語句、単語と連語
017	**错误** cuòwù	名間違い　形間違っている
018	**答案** dá'àn	名答え

楼下是一个客厅和一个厨房。 Lóu xià shì yí ge kètīng hé yí ge chúfáng.	1つ下の階はリビングルームとキッチンです。
你做完饭，收拾一下厨房。 Nǐ zuòwán fàn, shōushi yíxià chúfáng.	料理をし終わったら、台所をちょっと片付けてください。
我给国外的大学发了一个传真。 Wǒ gěi guówài de dàxué fāle yí ge chuánzhēn.	私は海外の大学にファックスを送りました。
你的办公室可以收传真吗? Nǐ de bàngōngshì kěyǐ shōu chuánzhēn ma?	あなたの事務所はファックスを受け取れますか？
刮风了，关上窗户好吗? Guā fēng le, guānshàng chuānghu hǎo ma?	風が吹いたので、窓を閉めてもいいですか？
房子刚盖好，还没装窗户呢。 Fángzi gāng gàihǎo, hái méi zhuāng chuānghu ne.	家は建ったばかりで、まだ窓が取り付けられていません。
这个词语是什么意思? Zhège cíyǔ shì shénme yìsi?	この言葉はどういう意味ですか？
这个词语老师解释了半天，我才明白。 Zhège cíyǔ lǎoshī jiěshìle bàntiān, wǒ cái míngbai.	この語句は先生が長い間かけて説明したので、私はやっと分かりました。
你的这种想法是非常错误的。 Nǐ de zhè zhǒng xiǎngfǎ shì fēicháng cuòwù de.	あなたのこのような考えはとても間違っています。
他在工作中很少犯错误。 Tā zài gōngzuò zhōng hěn shǎo fàn cuòwù.	彼は仕事において間違いがとても少ないです。
我不知道这个问题的答案。 Wǒ bù zhīdào zhège wèntí de dá'àn.	私はこの問題の答えを知りません。
请大家在 ABCD 中选择一个正确的答案。 Qǐng dàjiā zài ABCD zhōng xuǎnzé yí ge zhèngquè de dá'àn.	皆さん、ABCDの中から正しい答えを選んでください。

019	**大夫** **dàifu**	名 医者、先生 解説 医者の呼びかけとして用いる
020	**大使馆** **dàshǐguǎn**	名 大使館
021	**当时** **dāngshí**	名 そのとき
022	**刀** **dāo**	名 ナイフ 関 "**菜刀 càidāo**" 中華包丁
023	日 導遊 **导游** **dǎoyóu**	名 ツアーガイド
024	**登机牌** **dēngjīpái**	名 搭乗券

大夫，你看我这是什么病? Dàifu, nǐ kàn wǒ zhè shì shénme bìng?	先生、私のこの病気は何だと思いますか？
你生病了，我带你去医院看大夫吧。 Nǐ shēngbìng le, wǒ dài nǐ qù yīyuàn kàn dàifu ba.	あなたは病気なので、私があなたを病院に連れて行って、医者に診てもらいましょう。
我下午要到大使馆办签证。 Wǒ xiàwǔ yào dào dàshǐguǎn bàn qiānzhèng.	私は午後、大使館でビザの手続きをする予定です。
总统访问期间，会见了大使馆的工作人员。 Zǒngtǒng fǎngwèn qījiān, huìjiànle dàshǐguǎn de gōngzuò rényuán.	大統領は訪問中、大使館の職員に会いました。
我当时什么也没听到。 Wǒ dāngshí shénme yě méi tīngdào.	私はそのとき何も聞こえませんでした。
我在学校里遇到他，当时正在下雨。 Wǒ zài xuéxiào li yùdào tā, dāngshí zhèngzài xià yǔ.	私は学校で彼に会いました、そのときはちょうど雨が降っていました。
这把刀是削水果用的。 Zhè bǎ dāo shì xiāo shuǐguǒ yòng de.	このナイフは果物を剥くためのものです。
这把刀很快，你小心别伤到手。 Zhè bǎ dāo hěn kuài, nǐ xiǎoxīn bié shāngdào shǒu.	このナイフはよく切れるので、手を切らないように気をつけてください。
我们请了一位导游带我们参观。 Wǒmen qǐngle yí wèi dǎoyóu dài wǒmen cānguān.	私たちは、見学に連れていってくれるツアーガイドを頼みました。
他当导游已经十年了。 Tā dāng dǎoyóu yǐjīng shí nián le.	彼がツアーガイドになってすでに10年たちました。
请大家出示登机牌。 Qǐng dàjiā chūshì dēngjīpái.	皆さん搭乗券をご提示ください。
你可以到机场打印你的登机牌。 Nǐ kěyǐ dào jīchǎng dǎyìn nǐ de dēngjīpái.	あなたは空港で搭乗券を印刷できます。

No.	単語	意味
025	**～底** ～ dǐ	名 ～の底、～末
026	**地点** dìdiǎn	名 場所、地点
027	**地球** dìqiú	名 地球
028	**地址** dìzhǐ	名 住所
029	**动作** dòngzuò	名 動き、動作、行動
030	**短信** duǎnxìn	名 ショートメール

我梦想有一天能去潜水看看海底的遗迹。 Wǒ mèngxiǎng yǒu yì tiān néng qù qiánshuǐ kànkan hǎidǐ de yíjì.	私はダイビングをして海底の遺跡を見ることを夢見ています。
明年年底我哥哥结婚。 Míngnián niándǐ wǒ gēge jiéhūn.	来年末、私の兄は結婚します。
如果你知道这次会议的地点，请告诉我。 Rúguǒ nǐ zhīdao zhè cì huìyì de dìdiǎn, qǐng gàosu wǒ.	もし今回の会議の場所を知っていたら、教えてください。
2020 年奥运会的举办地点是东京。 Èrlíng'èrlíng nián Àoyùnhuì de jǔbàn dìdiǎn shì Dōngjīng.	2020年のオリンピックの開催地は東京です。
我们要爱护环境，保护地球。 Wǒmen yào àihù huánjìng, bǎohù dìqiú.	私たちは環境を保護し、地球を守らなければなりません。
地球上的资源是有限的，不能过度开发。 Dìqiú shang de zīyuán shì yǒuxiàn de, bù néng guòdù kāifā.	地球上の資源は限りがあるので、開発し過ぎてはいけません。
我不知道他家的地址。 Wǒ bù zhīdào tā jiā de dìzhǐ.	私は彼の家の住所を知りません。
他忘了写收信人的地址。 Tā wàngle xiě shōuxìnrén de dìzhǐ.	彼は受取人の住所を書き忘れました。
他这个动作谁也学不会。 Tā zhège dòngzuò shéi yě xuébuhuì.	彼のこの動きは誰も真似できません。
你的动作真快，我还没准备呢。 Nǐ de dòngzuò zhēn kuài, wǒ hái méi zhǔnbèi ne.	あなたの行動はとても速いです。私はまだ準備をしています。
有事情可以给我打电话或发短信。 Yǒu shìqing kěyǐ gěi wǒ dǎ diànhuà huò fā duǎnxìn.	何かあれば、電話かショートメールで私に連絡していいです。
这种手机卡每个月可以免费发100条短信。 Zhè zhǒng shǒujīkǎ měi ge yuè kěyǐ miǎnfèi fā yìbǎi tiáo duǎnxìn.	この携帯カードは毎月100通のショートメールを無料で送れます。

No.	単語	意味
031	**对话** duìhuà	名 対話、話し合い
032	**对面** duìmiàn	名 向かい、真正面
033	**肚子** dùzi	名 お腹
034	**儿童** értóng	名 児童
035	**法律** fǎlǜ	名 法律
036	**翻译** fānyì	名 翻訳　動 翻訳する

我们来听一段对话。 Wǒmen lái tīng yí duàn duìhuà.	私たちは対話を聞きに来ました。
这篇文章是我最好的两个朋友之间的对话。 Zhè piān wénzhāng shì wǒ zuì hǎo de liǎng ge péngyou zhī jiān de duìhuà.	この文章は私の最も仲の良い2人の友人間での対話です。
我家对面有个电影院。 Wǒ jiā duìmiàn yǒu ge diànyǐngyuàn.	私の家の向かいに映画館があります。
他就站在我对面，我看得清清楚楚。 Tā jiù zhànzài wǒ duìmiàn, wǒ kànde qīngqīngchǔchǔ.	彼は私の真正面に立っているので、私からははっきり見えます。
我肚子饿了，赶紧吃饭吧。 Wǒ dùzi è le, gǎnjǐn chī fàn ba.	私はお腹がすきました、すぐにご飯を食べましょう。
她怀孕了，肚子越来越大。 Tā huáiyùn le, dùzi yuè lái yuè dà.	彼女は妊娠したので、お腹が段々大きくなります。
这些都是面向儿童的图书。 Zhèxiē dōu shì miànxiàng értóng de túshū.	この子どもたちはとても頭が良く、可愛いです。
我们希望每一个儿童都能健康成长。 Wǒmen xīwàng měi yí ge értóng dōu néng jiànkāng chéngzhǎng.	私たちは、それぞれ1人1人の子どもが健やかに成長することを願っています。
要向全社会普及法律知识。 Yào xiàng quánshèhuì pǔjí fǎlǜ zhīshi.	社会全体に、法律の知識を普及させなければなりません。
公司聘请了一位法律顾问来处理这些问题。 Gōngsī pìnqǐngle yí wèi fǎlǜ gùwèn lái chǔlǐ zhèxiē wèntí.	会社は、法律顧問を迎えてこれらの問題を処理しました。
他当了十年的翻译，外语水平很高。 Tā dāngle shí nián de fānyì, wàiyǔ shuǐpíng hěn gāo.	彼は10年間通訳をしているので、外国語のレベルがとても高い。
这位英国作家翻译过两部中文小说。 Zhè wèi Yīngguó zuòjiā fānyìguo liǎng bù Zhōngwén xiǎoshuō.	このイギリス人作家は、中国語の小説を2冊翻訳したことがあります。

037	**方法** fāngfǎ	名 方法
038	**方面** fāngmiàn	名 方面
039	**方式** fāngshì	名 やり方
040	**方向** fāngxiàng	名 方向、方角 関 **方向感 fāngxiànggǎn** 方向感覚
041	**房东** fángdōng	名 大家
042	**父亲** fùqin	名 父親

他的学习方法很好，所以进步很快。 Tā de xuéxí fāngfǎ hěn hǎo, suǒyǐ jìnbù hěn kuài.	彼の学習方法はとてもいいので、上達が速いです。
我什么方法都试过了，还是不管用。 Wǒ shénme fāngfǎ dōu shìguo le, háishi bùguǎn yòng.	私はどんな方法も全て試してみましたが、やはり役に立ちませんでした。
城市交通方面还存在不少问题。 Chéngshì jiāotōng fāngmiàn hái cúnzài bù shǎo wèntí.	都市の交通面は、まだ少なからぬ問題があります。
中国在经济方面已经取得了很大成绩。 Zhōngguó zài jīngjì fāngmiàn yǐjīng qǔdéle hěn dà chéngjì.	中国は、経済面ではすでにとても大きな成果を得ています。
他还没有习惯这种生活方式。 Tā hái méiyǒu xíguàn zhè zhǒng shēnghuó fāngshì.	彼はこの生活方式にまだ慣れていません。
这种管理方式能调动职工的积极性。 Zhè zhǒng guǎnlǐ fāngshì néng diàodòng zhígōng de jījíxìng.	この管理方式は従業員の積極性を引き出すことができます。
到一个新地方，我经常分不清方向。 Dào yí ge xīn dìfang, wǒ jīngcháng fēnbuqīng fāngxiàng.	新しい場所に行くと、私はよく方向が分からなくなります。
他的方向感不强，经常迷路。 Tā de fāngxiànggǎn bù qiáng, jīngcháng mílù.	彼の方向感覚がよくないので、よく道に迷います。
我后天该给房东交房租了。 Wǒ hòutiān gāi gěi fángdōng jiāo fángzū le.	私は明後日大家さんに家賃を払わなければいけません。
我想找房东谈谈，再租一年房子。 Wǒ xiǎng zhǎo fángdōng tántan, zài zū yì nián fángzi.	私は大家さんのところに行き、もう1年部屋を借りることを話したい。
我父亲是老师，母亲是医生。 Wǒ fùqin shì lǎoshī, mǔqin shì yīshēng.	私の父は教師で、母は医者です。
父亲对我要求很严格，我有点儿怕他。 Fùqin duì wǒ yāoqiú hěn yángé, wǒ yǒudiǎnr pà tā.	父は私に厳しく、私は少し父が怖いです。

No.	単語	意味
043	感情 gǎnqíng	名感情、愛着
044	胳膊 gēbo	名腕（肩から手首まで）
045	功夫 gōngfu	名腕前、技量
046	工资 gōngzī	名給料
047	顾客 gùkè	名客
048	关键 guānjiàn	名鍵となるもの、重要な点

她爱哭爱笑，感情非常丰富。 Tā ài kū ài xiào, gǎnqíng fēicháng fēngfù.	彼女はよく泣きよく笑い、感情が非常に豊かです。
他在北京住了四年，对北京已经产生了感情。 Tā zài Běijīng zhùle sì nián, duì Běijīng yǐjīng chǎnshēngle gǎnqíng.	彼は北京に4年暮らしたので、北京に対してすでに愛着を持っています。
他的胳膊又粗又长。 Tā de gēbo yòu cū yòu cháng.	彼の腕は太く長いです。
伸一下胳膊，我给你量血压。 Shēn yíxià gēbo, wǒ gěi nǐ liáng xuèyā.	少し腕を伸ばしてください。あなたの血圧を測ります。
这个演员有很深的功夫。 Zhège yǎnyuán yǒu hěn shēn de gōngfu.	この役者は見事な腕前です。
想学好外语，得下功夫才可以。 Xiǎng xuéhǎo wàiyǔ, děi xià gōngfū cái kěyǐ.	外国語をマスターしたいなら、努力しなければ無理です。
买这台电脑花了我一个月的工资。 Mǎi zhè tái diànnǎo huāle wǒ yí ge yuè de gōngzī.	このパソコンを買うのに、私は一カ月分の給料を払いました。
除了工资，我没有别的收入了。 Chúle gōngzī, wǒ méiyǒu bié de shōurù le.	給料を除いて、私は他の収入がありません。
商店的生意很好，顾客非常多。 Shāngdiàn de shēngyi hěn hǎo, gùkè fēicháng duō.	お店の商売はとても繁盛していて、お客さんが非常に多いです。
我们要照顾好每一位顾客。 Wǒmen yào zhàogùhǎo měi yí wèi gùkè.	私たちは、全てのお客さまをきちんとおもてなししなければなりません。
这次比赛，关键是准备工作。 Zhè cì bǐsài, guānjiàn shì zhǔnbèi gōngzuò.	この試合で鍵になるのは、準備作業です。
这篇文章里，有一句话最关键。 Zhè piān wénzhāng li, yǒu yí jù huà zuì guānjiàn.	この文章で、最も鍵となる1文があります。

049	**观众** guānzhòng	名観客、観衆
050	**广播** guǎngbō	名放送　動放送する
051	**广告** guǎnggào	名広告
052	**规定** guīdìng	名規定　動規定する
053	**国籍** guójí	名国籍
054	**果汁** guǒzhī	名果汁、ジュース

今天的观众很热情，也很礼貌。 Jīntiān de guānzhòng hěn rèqíng, yě hěn lǐmào.	今日の観客はとても熱気があり、マナーもいいです。
那天体育场来了五万多名观众。 Nà tiān tǐyùchǎng láile wǔwàn duō míng guānzhòng.	あの日スタジアムには5万人余りの観客が来ました。
电台正在广播国际新闻。 Diàntái zhèngzài guǎngbō guójì xīnwén.	ラジオは今国際ニュースを放送しています。
他每天早晨听电台广播。 Tā měitiān zǎochen tīng diàntái guǎngbō.	彼は毎日早朝にラジオ放送を聞いています。
这个广告设计得很好。 Zhège guǎnggào shèjìde hěn hǎo.	この広告はとてもよくデザインされています。
我们准备做个广告，推销这个产品。 Wǒmen zhǔnbèi zuò ge guǎnggào, tuīxiāo zhège chǎnpǐn.	私たちは広告を準備して、この製品を売り出します。
公司规定每天八点上班。 Gōngsī guīdìng měitiān bā diǎn shàngbān.	会社は毎日8時に出勤するよう規定しています。
他们最近发布了一些新规定。 Tāmen zuìjìn fābùle yìxiē xīn guīdìng.	彼らは最近いくつかの新しい規定を公布しました。
他已经加入了美国国籍。 Tā yǐjīng jiārùle Měiguó guójí.	彼はすでにアメリカ国籍となりました。
这些不同国籍的人相处得很好。 Zhèxiē bùtóng guójí de rén xiāngchǔde hěn hǎo.	この異なる国籍の人々はとてもうまくやっていけています。
麻烦你给我来杯果汁吧。 Máfan nǐ gěi wǒ lái bēi guǒzhī ba.	すみませんが私にジュースを1杯ください。
今天的晚饭没有啤酒，只有果汁。 Jīntiān de wǎnfàn méiyǒu píjiǔ, zhǐ yǒu guǒzhī.	今日の夕ご飯にビールはありません。ジュースだけです。

055	**过程** guòchéng	名 過程
056	**海洋** hǎiyáng	名 海、海洋
057	**汗** hàn	名 汗
058	**寒假** hánjià	名 冬休み、冬期休暇
059	**航班** hángbān	名（飛行機や船の）便、フライトナンバー
060	**好处** hǎochù	名 良いところ

他讲了这件事情的整个过程。 Tā jiǎngle zhè jiàn shìqing de zhěnggè guòchéng.	彼はこのことの全体の過程を説明しました。
两个国家的经济发展过程很相似。 Liǎng ge guójiā de jīngjì fāzhǎn guòchéng hěn xiāngsì.	2つの国の経済発展の過程はよく似ています。
这种鱼生活在海洋里。 Zhè zhǒng yú shēnghuózài hǎiyáng li.	この魚は海に生息しています。
这里的海洋资源非常丰富。 Zhèli de hǎiyáng zīyuán fēicháng fēngfù.	ここの海洋資源は非常に豊富です。
太热了，我出了一身汗。 Tài rèle, wǒ chūle yìshēn hàn.	とても暑くて、私は全身汗びっしょりです。
汗把衣服都湿透了。 Hàn bǎ yīfu dōu shītòu le.	汗で服がびしょびしょになりました。
再过一个星期，就要放寒假了。 Zài guò yí ge xīngqī, jiù yào fàng hánjià le.	もう1週間過ぎれば、すぐ冬休みになります。
老师给我们留了很多寒假作业。 Lǎoshī gěi wǒmen liúle hěn duō hánjià zuòyè.	先生は私たちにたくさんの冬休みの宿題を出しました。
我坐明天的航班回国。 Wǒ zuò míngtiān de hángbān huí guó.	私は明日の便で帰国します。
轮船每小时一个航班。 Lúnchuán měi xiǎoshí yí ge hángbān.	汽船は1時間に1便があります。
经常运动，对你的身体有好处。 Jīngcháng yùndòng, duì nǐ de shēntǐ yǒu hǎochù.	いつも運動することは、あなたの体にいいです。
我会永远记着他们的好处。 Wǒ huì yǒngyuǎn jìzhe tāmen de hǎochù.	私は永遠に彼らのよいところを覚えているでしょう。

061
号码
hàomǎ
名 番号

062
盒子
hézi
名 小箱、ケース

063
互联网
hùliánwǎng
名 インターネット
≒ 互联网络 hùliánwǎngluò

064
护士
hùshi
名 看護師

065
火
huǒ
名 火　動 かっとなる

066
技术
jìshù
名 技術

我有他的电话号码。
Wǒ yǒu tā de diànhuà hàomǎ.

私は彼の電話番号を持っています。

那个号码太长，我记不住。
Nàge hàomǎ tài cháng, wǒ jìbuzhù.

その番号はとても長すぎて、私は覚えられません。

这个盒子里装的都是玩具。
Zhège hézi li zhuāng de dōu shì wánjù.

この箱の中に入っているのはすべておもちゃです。

这个鞋盒子没用了，扔了吧。
Zhège xié hézi méi yòng le, rēng le ba.

この靴の箱は使わないので、捨ててください。

互联网让人们的距离缩短了。
Hùliánwǎng ràng rénmen de jùlí suōduǎn le.

インターネットは人々の距離を縮めました。

你上互联网上查一下就什么都知道了。
Nǐ shàng hùliánwǎng shang chá yíxià jiù shénme dōu zhīdao le.

インターネットで少し調べるとすぐ何でも知ることができます。

她一直想当一名护士。
Tā yìzhí xiǎng dāng yì míng hùshi.

彼女はずっと看護師になりたいと思っています。

护士可以说是白衣天使。
Hùshi kěyǐ shuō shì báiyī tiānshǐ.

看護師は白衣の天使と言うことができます。

消防队员在救火。
Xiāofáng duìyuán zài jiùhuǒ.

消防隊員が消火しています。

你先别发火，听我把话说完。
Nǐ xiān bié fā huǒ, tīng wǒ bǎ huà shuōwán.

あなたはまずかっとしないで、私が話し終わるまで聞いてください。

他修车的技术很好。
Tā xiū chē de jìshù hěn hǎo.

彼の車を修理する技術はとても優れています。

我们遇到了很多技术问题，没办法解决。
Wǒmen yùdàole hěn duō jìshù wèntí, méi bànfǎ jiějué.

私たちは多くの技術的問題に遭遇し、解決する方法がありませんでした。

067

记者

jìzhě

名 記者

068

家具

jiājù

名 家具

069

加油站

jiāyóuzhàn

名 ガソリンスタンド

関 **加油 jiāyóu**（ガソリンを）入れる

070

价格

jiàgé

名 値段、価格

071

将来

jiānglái

名 将来

072

奖金

jiǎngjīn

名 ボーナス、賞金

事故发生后，记者很快就赶到了。 Shìgù fāshēng hòu, jìzhě hěn kuài jiù gǎndào le.	事故が発生した後、記者がすぐにかけつけました。
我弟弟是一名体育记者。 Wǒ dìdi shì yì míng tǐyù jìzhě.	私の弟はスポーツの記者です。
我家买了一套新家具。 Wǒ jiā mǎile yí tào xīn jiājù.	私の家では新しい家具のセットを買いました。
我喜欢中国传统的家具。 Wǒ xǐhuan Zhōngguó chuántǒng de jiājù.	私は中国の伝統的な家具が好きです。
我去加油站加点儿油。 Wǒ qù jiāyóuzhàn jiā diǎnr yóu.	私はガソリンスタンドに行ってちょっとガソリンを入れます。
加油站离这儿还很远呢。 Jiāyóuzhàn lí zhèr hái hěn yuǎn ne.	ガソリンスタンドはここからまだかなり遠いです。
这件衣服的价格是 500 元。 Zhè jiàn yīfu de jiàgé shì wǔbǎi yuán.	この服の値段は500元です。
你先问问价格，再决定买不买。 Nǐ xiān wènwen jiàgé, zài juédìng mǎi bu mǎi.	まず値段を聞いてから、買うか買わないかを決めてください。
这孩子将来想当一名医生。 Zhè háizi jiānglái xiǎng dāng yì míng yīshēng.	この子は将来医師になりたがっています。
将来我有钱了，就建设一座小学。 Jiānglái wǒ yǒu qián le, jiù jiànshè yí zuò xiǎoxué.	将来私がお金持ちになったら、小学校を建設します。
公司每年都要发一笔奖金。 Gōngsī měinián dōu yào fā yì bǐ jiǎngjīn.	会社は毎年ボーナスを支給しなければなりません。
今年公司效益不好，恐怕连奖金也没了。 Jīnnián gōngsī xiàoyì bù hǎo, kǒngpà lián jiǎngjīn yě méi le.	今年は会社の利益がよくないので、ボーナスもなくなってしまう恐れがあります。

073	郊区 jiāoqū	名 郊外
074	交通 jiāotōng	名 交通
075	饺子 jiǎozi	名 餃子
076	教授 jiàoshòu	名 教授
077	基础 jīchǔ	名 基礎
078	结果 jiéguǒ	名 結果　接 結局

我家在北京郊区。 Wǒ jiā zài Běijīng jiāoqū.	私の家は北京の郊外にあります。
他们每个周末都开车去郊区玩儿。 Tāmen měi ge zhōumò dōu kāichē qù jiāoqū wánr.	彼らは毎週末、車で郊外に行って遊びます。
这里交通发达，经济繁荣。 Zhèli jiāotōng fādá, jīngjì fánróng.	ここは交通が発達していて、経済が繁栄しています。
这里离火车站很近，交通很方便。 Zhèli lí huǒchēzhàn hěn jìn, jiāotōng hěn fāngbiàn.	ここは電車の駅から近く、交通がとても便利です。
我们晚上包饺子吃吧。 Wǒmen wǎnshang bāo jiǎozi chī ba.	私たちは夜餃子を作って食べましょう。
我们在老师家学会了包饺子。 Wǒmen zài lǎoshī jiā xuéhuìle bāo jiǎozi.	私たちは先生の家で餃子の作り方を学びました。
他是经济学院的著名教授。 Tā shì jīngjì xuéyuàn de zhùmíng jiàoshòu.	彼は経済学部の有名な教授です。
给我们上课的老师都是年轻教授。 Gěi wǒmen shàngkè de lǎoshī dōu shì niánqīng jiàoshòu.	私たちに授業をしてくれる先生はみんな若い教授です。
我们学习了计算机方面的一些基础知识。 Wǒmen xuéxíle jìsuànjī fāngmiàn de yìxiē jīchǔ zhīshi.	私たちはコンピュータの方面の基礎知識を学習しました。
他的汉语基础很好，所以提高得很快。 Tā de Hànyǔ jīchǔ hěn hǎo, suǒyǐ tígāode hěn kuài.	彼の中国語の基礎はとてもよいので、とても早く向上します。
他们正在商量这个问题，还没有结果。 Tāmen zhèngzài shāngliang zhège wèntí, hái méiyǒu jiéguǒ.	彼らは今まさにこの問題を相談していて、まだ結果は出ていません。
我们以为能赢得这场比赛，结果还是输了。 Wǒmen yǐwéi néng yíngdé zhè chǎng bǐsài, jiéguǒ háishi shū le.	私たちはこの試合に勝てると思っていましたが、結局やはり負けてしまいました。

Track 014

079

经济

jīngjì

名 経済

080

京剧

jīngjù

固名 京劇

≒ **京戏 jīngxì**
解説 中国の代表的な伝統劇の一種

081

经历

jīnglì

名 経歴　動 経験する

082

经验

jīngyàn

名 経験

083

警察

jǐngchá

名 警察

084

景色

jǐngsè

名 景色

随着经济的发展，人们的生活也得到了改善。 Suízhe jīngjì de fāzhǎn, rénmen de shēnghuó yě dédàole gǎishàn.	経済の発展につれて、人々の生活も改善されました。
他家的经济条件很好。 Tā jiā de jīngjì tiáojiàn hěn hǎo.	彼の家の経済的条件はとてもいいです。
你到北京，看过京剧了没有？ Nǐ dào Běijīng, kànguo jīngjù le méiyǒu?	あなたは北京に来て、京劇を見たことがありますか？
他是个京剧迷，每天都要唱几段。 Tā shì ge jīngjùmí, měitiān dōu yào chàng jǐ duàn.	彼は京劇ファンで、毎日数節を歌わずにいられません。
他把自己的成长经历写成了一本书。 Tā bǎ zìjǐ de chéngzhǎng jīnglì xiěchéngle yì běn shū.	彼は自分の成長の経歴を１冊の本として書きました。
他去过很多地方，经历过很多事情。 Tā qùguo hěn duō dìfang, jīnglìguo hěn duō shìqing.	彼は多くの地域に行ったことがあり、多くの事を経験しています。
我们的老师教学经验丰富，讲课很受欢迎。 Wǒmen de lǎoshī jiàoxué jīngyàn fēngfù, jiǎngkè hěn shòu huānyíng.	私たちの先生は教育経験が豊富で、授業は人気があります。
他很注意总结成功的经验和失败的教训。 Tā hěn zhùyì zǒngjié chénggōng de jīngyàn hé shībài de jiàoxùn.	彼は成功の経験と失敗の教訓をまとめるように気をつけています。
有困难可以找警察。 Yǒu kùnnan kěyǐ zhǎo jǐngchá.	困ったことがあるときは警察に行ったらどうでしょう。
我已经打电话叫警察了。 Wǒ yǐjīng dǎ diànhuà jiào jǐngchá le.	私はすでに電話をかけて警察を呼びました。
他站在窗前，欣赏着外面的景色。 Tā zhànzài chuāng qián, xīnshǎngzhe wàimiàn de jǐngsè.	彼は窓の前に立ち、外の景色を楽しんでいます。
我被眼前的景色吸引了，简直太漂亮了。 Wǒ bèi yǎnqián de jǐngsè xīyǐn le, jiǎnzhí tài piàoliang le.	私は目の前の景色に惹きつけられました、まったくあまりにきれいだったもので。

085	**镜子** jìngzi	名 鏡
086	**聚会** jùhuì	名 集まり　動 集まる
087	**距离** jùlí	名 距離　動 離れる
088	**看法** kànfǎ	名 見方、考え
089	**烤鸭** kǎoyā	名 アヒルの丸焼き 関 **北京烤鸭 Běijīng kǎoyā** 北京ダック
090	**科学** kēxué	名 科学　形 科学的な

墙上挂着一面大镜子。 Qiáng shang guàzhe yí miàn dà jìngzi.	壁に大きな鏡が掛けてあります。
卫生间里有镜子，你可以去照一下。 Wèishēngjiān li yǒu jìngzi, nǐ kěyǐ qù zhào yíxià.	トイレには鏡があるので、あなたは見に行ったらどうでしょう。
老同学五年才能聚会一次，多难得啊！ Lǎo tóngxué wǔ nián cái néng jùhuì yí cì, duō nàndé a!	昔の同級生が5年ぶりに集まることができました。なんと貴重なチャンスでしょう。
今天晚上的聚会你一定要来。 Jīntiān wǎnshang de jùhuì nǐ yídìng yào lái.	今夜の集まりにぜひお越しください。
我家距离学校十公里。 Wǒ jiā jùlí xuéxiào shí gōnglǐ.	私の家は学校から10km離れています。
注意跟前面的汽车保持一定的距离。 Zhùyì gēn qiánmiàn de qìchē bǎochí yídìng de jùlí.	前の車と一定の距離を保つように注意してください。
请大家谈谈对这件事情的看法。 Qǐng dàjiā tántan duì zhè jiàn shìqing de kànfǎ.	みなさん、このことについての見方を話してください。
这只是我个人的看法，不代表大家的意见。 Zhè zhǐ shì wǒ gèrén de kànfǎ, bú dàibiǎo dàjiā de yìjiàn.	これは私個人の見方に過ぎず、みんなの意見を代表するのではありません。
我们中午去吃烤鸭吧。 Wǒmen zhōngwǔ qù chī kǎoyā ba.	私たちでお昼、北京ダックを食べに行きましょう。
这只烤鸭够三个人吃。 Zhè zhī kǎoyā gòu sān ge rén chī.	この北京ダックは3人で十分食べられます。
我们要相信科学，相信事实。 Wǒmen yào xiāngxìn kēxué, xiāngxìn shìshí.	私たちは科学を信じ、事実を信じるべきです。
这种做法不太科学。 Zhè zhǒng zuòfǎ bú tài kēxué.	このようなやり方はあまり科学的ではありません。

091	客厅 kètīng	名 客間
092	空气 kōngqì	名 空気
093	矿泉水 kuàngquán shuǐ	名 ミネラルウォーター
094	困难 kùnnan	名 困難　形 困難な
095	垃圾桶 lājītǒng	名 ゴミ箱
096	老虎 lǎohǔ	名 トラ

我们去客厅坐一会儿吧。 Wǒmen qù kètīng zuò yíhuìr ba.	私たちは客間に行ってちょっと腰を下ろしましょう。
这间客厅布置得非常讲究。 Zhè jiān kètīng bùzhìde fēicháng jiǎngjiu.	この客間の飾りつけは非常に凝っています。
他到外面呼吸新鲜空气了。 Tā dào wàimiàn hūxī xīnxiān kōngqì le.	彼は外へ行って新鮮な空気を吸いました。
这里的空气被污染了。 Zhèli de kōngqì bèi wūrǎn le.	ここの空気は汚染されています。
这是新上市的矿泉水，很好喝。 Zhè shì xīn shàngshì de kuàngquánshuǐ, hěn hǎohē.	これは新発売のミネラルウォーターで、とてもおいしいです。
多喝矿泉水对身体有好处。 Duō hē kuàngquánshuǐ duì shēntǐ yǒu hǎochù.	ミネラルウォーターを多く飲むと体に良いです。
他们终于克服了困难，完成了任务。 Tāmen zhōngyú kèfúle kùnnan, wánchéngle rènwù.	彼らはついに困難を克服し、任務を達成しました。
困难的时候已经过去了。 Kùnnan de shíhou yǐjīng guòqu le.	困難な時期はすでに過ぎ去りました。
我把那张纸扔到垃圾桶里了。 Wǒ bǎ nà zhāng zhǐ rēngdào lājītǒng li le.	私はその紙をゴミ箱に捨てました。
垃圾桶已经满了，我帮你倒了吧。 Lājītǒng yǐjīng mǎn le, wǒ bāng nǐ dào le ba.	ゴミ箱はすでに満杯なので、私が空にしましょうか。
世界上老虎的数量越来越少。 Shìjiè shang lǎohǔ de shùliàng yuè lái yuè shǎo.	世界のトラの数はますます少なくなっています。
他像老虎一样厉害。 Tā xiàng lǎohǔ yíyàng lìhai.	彼はトラのように恐ろしいです。

097	**礼拜天** lǐbài tiān	名 日曜日 ≒ 星期天 xīngqítiān 星期日 xīngqírì
098	**礼貌** lǐmào	名 礼儀、エチケット　形 礼儀正しい
099	**理想** lǐxiǎng	名 理想　形 理想的な
100	**力气** lìqi	名 力、労力
101	**零钱** língqián	名 小銭、おつり
102	**律师** lǜshī	名 弁護士

明天礼拜天，我打算去书店。 Míngtiān lǐbàitiān, wǒ dǎsuàn qù shūdiàn.	明日は日曜日なので、私は書店に行くつもりです。
这个礼拜天的活动，我们早商量好了。 Zhège lǐbàitiān de huódòng, wǒmen zǎo shānglianghǎo le.	この日曜日のイベントは、私たちはとっくに相談し終わっています。
他对人很有礼貌。 Tā duì rén hěn yǒu lǐmào.	彼は人に対して礼儀正しいです。
他礼貌地谢绝了对方的邀请。 Tā lǐmàode xièjuéle duìfāng de yāoqǐng.	彼は礼儀正しく相手の招待を断りました。
他的理想是当一名科学家。 Tā de lǐxiǎng shì dāng yì míng kēxuéjiā.	彼の理想は科学者になることです。
这个位置非常理想，哪儿都可以看到。 Zhège wèizhì fēicháng lǐxiǎng, nǎr dōu kěyǐ kàndào.	この位置は非常に理想的で、どこでも見えます。
你力气大，你来搬这张桌子。 Nǐ lìqi dà, nǐ lái bān zhè zhāng zhuōzi.	あなたは力持ちなので、このテーブルを運んでください。
这次我们虽费了很大的力气，事情却没办好。 Zhè cì wǒmen suī fèile hěn dà de lìqi, shìqing què méi bànhǎo.	今回私たちは大きな労力を払いましたが、事態はうまくいきませんでした。
你能帮我换点儿零钱吗? Nǐ néng bāng wǒ huàn diǎnr língqián ma?	少し小銭に崩してくれませんか。
我没有零钱了，都是一百的。 Wǒ méiyǒu língqián le, dōu shì yìbǎi de.	私は小銭がなくなりました。全部100元札です。
他爸爸是一位非常著名的律师。 Tā bàba shì yí wèi fēicháng zhùmíng de lǜshī.	彼の父親は非常に有名な弁護士です。
有问题你找我们公司的律师吧。 Yǒu wèntí nǐ zhǎo wǒmen gōngsī de lǜshī ba.	問題があれば私たちの会社の弁護士に会ったらどうでしょうか。

No.	単語	意味
103	**麻烦** máfan	動 面倒をかける　形 面倒な、煩わしい
104	**毛巾** máojīn	名 タオル
105	**梦** mèng	名 夢
106	**密码** mìmǎ	名 暗号、パスワード
107	**民族** mínzú	名 民族
108	**母亲** mǔqin	名 母、母親

以前我常常麻烦他。 Yǐqián wǒ chángcháng máfan tā.	以前、私はしょっちゅう彼の手を煩わせていました。
出国的手续特别麻烦。 Chūguó de shǒuxù tèbié máfan.	出国の手続きは特に面倒です。
这是新毛巾，你擦擦汗吧。 Zhè shì xīn máojīn, nǐ cāca hàn ba.	これは新しいタオルです、汗を拭いてください。
这块毛巾是新买的。 Zhè kuài máojīn shì xīn mǎi de.	このタオルは新しく買ったものです。
我晚上睡觉经常做梦。 Wǒ wǎnshang shuìjiào jīngcháng zuòmèng.	私は夜寝るときいつも夢を見ます。
此时此刻，我感觉好像在梦中。 Cǐ shí cǐ kè, wǒ gǎnjué hǎoxiàng zài mèng zhōng.	まさにこのとき、私はまるで夢の中にいるようだと感じました。
这些电报都是用密码写成的。 Zhèxiē diànbào dōu shì yòng mìmǎ xiěchéng de.	これらの電報はすべて暗号で書かれています。
你的密码最好别用出生年月。 Nǐ de mìmǎ zuìhǎo bié yòng chūshēng nián yuè.	あなたのパスワードには生まれた年や月を使わない方がいいです。
中华民族具有悠久的历史。 Zhōnghuá mínzú jùyǒu yōujiǔ de lìshǐ.	中華民族には悠久の歴史があります。
他很希望了解不同民族的风俗习惯。 Tā hěn xīwàng liǎojiě bù tóng mínzú de fēngsú xíguàn.	彼は違った民族の風俗や習慣を理解したいと思っています。
远方的孩子很想念母亲，想念家。 Yuǎnfāng de háizi hěn xiǎngniàn mǔqin, xiǎngniàn jiā.	遠方にいる子どもは母親のことを思い、家のことを思います。
每年五月的第二个星期日是母亲节。 Měinián wǔyuè de dì èr ge xīngqīrì shì mǔqinjié.	毎年5月の第2日曜日は母の日です。

No.	単語	ピンイン	意味
109	**目的**	mùdì	名 目的
110	**内**	nèi	名 中、内側
111	**内容**	nèiróng	名 内容
112	**能力**	nénglì	名 能力
113	**年龄**	niánlíng	名 年齢
114	**皮肤**	pífū	名 皮膚

我来中国的目的是想学好汉语。 Wǒ lái Zhōngguó de mùdì shì xiǎng xuéhǎo Hànyǔ.	私が中国に来た目的は中国語をしっかり学びたいということです。
他突然来这儿，一定有什么目的。 Tā tūrán lái zhèr, yídìng yǒu shénme mùdì.	彼が突然ここに来たのは、きっと何か目的があります。
学校内就有银行，很方便。 Xuéxiào nèi jiù yǒu yínháng, hěn fāngbiàn.	校内にも銀行があって、とても便利です。
我今年年内要考两次 HSK 考试。 Wǒ jīnnián niánnèi yào kǎo liǎng cì HSK kǎoshì.	私は今年中にHSKの試験を2回受けなければなりません。
我们用的这本汉语书内容很有意思。 Wǒmen yòng de zhè běn Hànyǔ shū nèiróng hěn yǒu yìsi.	私たちの使っている中国語の本の内容はとても面白いです。
你们谈话的内容你还记得吗? Nǐmen tánhuà de nèiróng nǐ hái jìde ma?	あなたたちが話した内容をあなたはまだ覚えていますか？
父母很注意培养孩子的生活能力。 Fùmǔ hěn zhùyì péiyǎng háizi de shēnghuó nénglì.	両親は子供の生活能力を伸ばすことによく気を配っている。
他办事能力很强。 Tā bànshì nénglì hěn qiáng.	彼は物事の処理能力が優れています。
我和她的年龄相同，都是 23 岁。 Wǒ hé tā de niánlíng xiāngtóng, dōu shì èrshisān suì.	私は彼女と同い年で、どちらも23歳です。
外国人一般不太习惯别人随意问他们的年龄。 Wàiguórén yìbān bú tài xíguàn biérén suíyì wèn tāmen de niánlíng.	外国人は自分の年齢を気軽に聞かれることに、普通あまり慣れていません。
他经常去海边游泳，皮肤晒得黑黑的。 Tā jīngcháng qù hǎibiān yóuyǒng, pífū shàide hēihēi de.	彼はよく海水浴に行くので、肌が真っ黒に焼けています。
他有皮肤病，不容易治好。 Tā yǒu pífūbìng, bù róngyì zhìhǎo.	彼は皮膚病があって、なかなか治りません。

No.	単語	意味
115	**脾气** píqi	名 性格
116	**乒乓球** pīngpāngqiú	名 卓球
117	**平时** píngshí	名 普段
118	**葡萄** pútao	名 ブドウ
119	**普通话** pǔtōnghuà	名 普通話、標準語
120	**其中** qízhōng	名 その中

他脾气随和，没跟人闹过矛盾。 Tā píqi suíhe, méi gēn rén nàoguo máodùn.	彼は性格がよくて、誰ともトラブルを起こしたことはありません。
这人脾气很大，动不动就发火。 Zhè rén píqi hěn dà, dòngbudòng jiù fāhuǒ.	この人は性格が怒りっぽく、すぐかっとなります。
下午我们有一场乒乓球比赛。 Xiàwǔ wǒmen yǒu yì chǎng pīngpāngqiú bǐsài.	午後、私たちは卓球の試合があります。
我获得过两次乒乓球冠军。 Wǒ huòdéguo liǎng cì pīngpāngqiú guànjūn.	私は卓球のチャンピオンに2回なったことがある。
我平时就穿这身衣服，今天也没有特意换。 Wǒ píngshí jiù chuān zhè shēn yīfu, jīntiān yě méiyǒu tèyì huàn.	私は普段もこの服を着ていて、今日もわざわざ着替えはしなかった。
平时也要努力学习，不能等到考试才着急。 Píngshí yě yào nǔlì xuéxí, bù néng děngdào kǎoshì cái zháojí.	普段も一生懸命に勉強しなければなりません。試験のときになって慌ててはだめです。
我买了三斤葡萄，两斤苹果。 Wǒ mǎile sān jīn pútao, liǎng jīn píngguǒ.	ブドウを1.5キロ、リンゴを1キロを買いました。
这些葡萄放的时间太长了，很多都坏了。 Zhèxiē pútao fàng de shíjiān tài cháng le, hěn duō dōu huài le.	これらのブドウは置いておかれた時間が長すぎて、傷んでしまいました。
他的普通话说得很好。 Tā de pǔtōnghuà shuōde hěn hǎo.	彼の標準語は上手です。
我的普通话不太好，你能听懂吗？ Wǒ de pǔtōnghuà bú tài hǎo, nǐ néng tīngdǒng ma?	私の標準語はあまり上手ではありませんが、聞いて分かりますか。
我买了很多书，其中包括两本词典。 Wǒ mǎile hěn duō shū, qízhōng bāokuò liǎng běn cídiǎn.	本をたくさん買いました。その中に辞書が2冊入っています。
我在中国居住了五年，其中三年在北京。 Wǒ zài Zhōngguó jūzhùle wǔ nián, qízhōng sān nián zài Běijīng.	中国に5年住んでいました、そのうち3年は北京に住んでいました。

121	气候 qìhòu	名 気候
122	签证 qiānzhèng	名 ビザ
123	桥 qiáo	名 橋
124	巧克力 qiǎokèlì	名 チョコレート
125	亲戚 qīnqi	名 親戚
126	情况 qíngkuàng	名 状況

这里的气候很好，四季如春。 zhèli de qìhòu hěn hǎo, sìjì rú chūn.	ここの気候はとてもよくて、1年中春のようです。
我不太适应这里潮湿的气候。 Wǒ bú tài shìyìng zhèli cháoshī de qìhòu.	私はここのジメジメした気候に慣れません。
明天我要去大使馆办签证。 Míngtiān wǒ yào qù dàshǐguǎn bàn qiānzhèng.	明日、大使館へビザの手続きをしに行きます。
我办的是旅游签证，只有一个月的有效期。 Wǒ bàn de shì lǚyóu qiānzhèng, zhǐyǒu yíge yuè de yǒuxiàoqī.	私が取ったのは観光ビザで、一か月の期限しかありません。
有了这座桥，人们过河方便多了。 Yǒule zhè zuò qiáo, rénmen guò hé fāngbiànduō le.	この橋ができてから、人々が川を渡るのはだいぶ便利になった。
他们用了三年多的时间才修好了这座桥。 Tāmen yòngle sān nián duō de shíjiān cái xiūhǎole zhè zuò qiáo.	彼らは3年間かけてやっとこの橋を直しました。
她最爱吃的就是巧克力。 Tā zuì ài chī de jiù shì qiǎokèlì.	彼女が一番好きな食べ物はチョコレートです。
这些是牛奶巧克力，你尝尝。 Zhèxiē shì niúnǎi qiǎokèlì, nǐ chángchang.	これらはミルクチョコです。食べてみてください。
他家亲戚很多，我给他们带了很多礼物。 Tā jiā qīnqi hěn duō, wǒ gěi tāmen dàile hěn duō lǐwù.	彼の家は親戚が多いので、私はたくさんのお土産を持っていきました。
我结婚的时候，亲戚们都来了。 Wǒ jiéhūn de shíhou, qīnqimen dōu lái le.	私が結婚したとき、親戚はみんな来ました。
明天天气情况怎么样? Míngtiān tiānqì qíngkuàng zěnmeyàng?	明日の天気の様子はどうですか？
这些情况表明，我们还有很多问题不熟悉。 Zhèxiē qíngkuàng biǎomíng, wǒmen hái yǒu hěn duō wèntí bù shúxi.	この状況は私たちが多くの問題をまだよくわかっていないことを示しています。

No.	単語	意味
127	区别 qūbié	名 区別　動 区別する
128	全部 quánbù	名 全部
129	缺点 quēdiǎn	名 欠点
130	任何 rènhé	名 どんな～、いかなる～
131	日 任務 任务 rènwù	名 仕事、任務
132	日 日記 日记 rìjì	名 日記

这两个词语有很大的区别。 Zhè liǎng ge cíyǔ yǒu hěn dà de qūbié.	この2つの単語には大きな違いがあります。
我区别不出中国人和日本人。 Wǒ qūbiébuchū Zhōngguórén hé Rìběnrén.	私には中国人と日本人の区別がつきません。
他的全部时间都用来学汉语了。 Tā de quánbù shíjiān dōu yòng lái xué Hànyǔ le.	彼はすべての時間を中国語の勉強に使いました。
这些东西全部是中国生产的。 Zhèxiē dōngxi quánbù shì Zhōngguó shēngchǎn de.	これらのものはすべて中国産です。
他有很多优点，也有一些缺点。 Tā yǒu hěn duō yōudiǎn, yě yǒu yìxiē quēdiǎn.	彼は長所がたくさんありますが、短所もあります。
每个人都应试着克服自己的缺点。 Měi ge rén dōu yīng shìzhe kèfú zìjǐ de quēdiǎn.	どんな人も自分の短所を直すよう試みるべきです。
对于这件事，你不需要做任何解释。 Duìyú zhè jiàn shì, nǐ bù xūyào zuò rènhé jiěshì.	このことについて、あなたは何も説明する必要はありません。
他任何意见都听不进去。 Tā rènhé yìjiàn dōu tīngbujìnqù.	彼はどんな意見も聞き入れません。
今年的工作任务很重，大家压力很大。 Jīnnián de gōngzuò rènwù hěn zhòng, dàjiā yālì hěn dà.	今年の仕事の任務はとても重要なので、みなプレッシャーを感じています。
修改文章的任务就交给你了。 Xiūgǎi wénzhāng de rènwù jiù jiāogěi nǐ le.	文章の訂正はあなたに任せます。
他每天坚持用汉语写日记。 Tā měitiān jiānchí yòng Hànyǔ xiě rìjì.	彼は毎日中国語で日記を書き続けています。
我的工作日记锁在一个抽屉里。 Wǒ de gōngzuò rìjì suǒzài yí ge chōuti li.	私の仕事の日記は鍵をかけた引き出しの中にあります。

023

133	入口 rùkǒu	名 入口
134	森林 sēnlín	名 森林
135	沙发 shāfā	名 ソファー
136	勺子 sháozi	名 スプーン
137	社会 shèhuì	名 社会
138	生活 shēnghuó	名 生活　動 生活する、暮らす

这个公园有三个入口。 Zhège gōngyuán yǒu sān ge rùkǒu.	この公園には入口が3つあります。
我们约好在地铁入口处见面。 Wǒmen yuēhǎo zài dìtiě rùkǒuchù jiànmiàn.	私たちは地下鉄の入口で待ち合わせる約束をしました。
这片森林有好几百年了。 Zhè piàn sēnlín yǒu hǎojǐbǎi nián le.	この森は何百年もありました。
这里是一片原始森林，树木非常茂密。 Zhèli shì yípiàn yuánshǐ sēnlín, shùmù fēicháng màomì.	ここは一面手つかずの森林で、木々がぎっしり生い茂っています。
我想买套沙发放在客厅。 Wǒ xiǎng mǎi tào shāfā fàngzài kètīng.	ソファを1セット買って、リビングに置きたいです。
请坐在沙发上吧。 Qǐng zuòzài shāfā shang ba.	ソファにお座りください。
麻烦您给我个勺子。 Máfan nín gěi wǒ ge sháozi.	すみませんが、スプーンを1つお願いします。
你帮我找个盛汤的勺子，好吗? Nǐ bāng wǒ zhǎo ge chéng tāng de sháozi, hǎo ma?	スープをよそうスプーンを探してもらってもいいですか。
社会在不断发展，我们的思想也会发生变化。 Shèhuì zài búduàn fāzhǎn, wǒmen de sīxiǎng yě huì fāshēng biànhuà.	社会はどんどん発展していて、私たちの考え方も変わります。
你不要学社会上流行的那一套。 Nǐ búyào xué shèhuì shang liúxíng de nà yí tào.	いまの流行りを真似しないでください。
经济发展了，人们的生活水平也提高了。 Jīngjì fāzhǎn le, rénmen de shēnghuó shuǐpíng yě tígāo le.	経済が発展して、人々の生活水準も上がりました。
奶奶一直跟我们一起生活。 Nǎinai yìzhí gēn wǒmen yìqǐ shēnghuó.	祖母はずっと私たちと一緒に暮らしています。

No.	単語	意味
139	生命 shēngmìng	名 命、生命
140	生意 shēngyi	名 商売、ビジネス
141	省 shěng	名 省（行政単位） 動 節約する、省略する
142	师傅 shīfu	名 技術職やサービス業の人に対する敬称
143	日 紀 世纪 shìjì	名 世紀
144	收入 shōurù	名 収入 動 受け取る

我们要珍惜自己和别人的生命。 Wǒmen yào zhēnxī zìjǐ hé biéren de shēngmìng.	私たちは自分と他人の命を大切にしなくてはいけません。
医生正在抢救病人的生命。 Yīshēng zhèngzài qiǎngjiù bìngrén de shēngmìng.	医者は今救急治療中です。
他们家是做生意的，很有钱。 Tāmen jiā shì zuò shēngyi de, hěn yǒu qián.	彼らの家は商売をしているので、お金持ちです。
他一直做服装生意，已经很有经验了。 Tā yìzhí zuò fúzhuāng shēngyi, yǐjing hěn yǒu jīngyàn le.	彼はずっと洋服の商売をやっているので、すでに豊富な経験があります。
南京是江苏省的省会城市。 Nánjīng shì Jiāngsūshěng de shěnghuì chéngshì.	南京は江蘇省の省都です。
那段时间他为了省钱每天只吃一顿饭。 Nà duàn shíjiān tā wèile shěng qián měitiān zhǐ chī yí dùn fàn.	あのころ、彼はお金を節約するために、毎日1食しか食べませんでした。
师傅不仅教我技术，还教我做人。 Shīfu bùjǐn jiāo wǒ jìshù, hái jiāo wǒ zuòrén.	師匠は私に技術だけでなく、人としてのふるまい方も教えてくれました。
我想找个师傅，学习中国功夫。 Wǒ xiǎng zhǎo ge shīfu, xuéxí Zhōngguó gōngfu.	師匠を探して、カンフーを習いたいです。
他是上个世纪 90 年代出生的。 Tā shì shàng ge shìjì jiǔshí niándài chūshēng de.	彼は1990年代に生まれたのです。
你们都是跨世纪的新青年，未来是你们的。 Nǐmen dōu shì kuà shìjì de xīn qīngnián, wèilái shì nǐmen de.	あなたたちはみんな新世紀の若者です。未来は君たちのものです。
教师的收入比以前提高了不少。 Jiàoshī de shōurù bǐ yǐqián tígāole bù shǎo.	教員の給料は以前よりだいぶ上がりました。
这本书中收入了 20 多篇论文。 Zhè běn shū zhōng shōurùle èrshí duō piān lùnwén.	この本には論文が20篇余り掲載されている。

No.	単語	意味
145	首都 shǒudū	名 首都
146	售货员 shòuhuòyuán	名 店員、販売員
147	数量 shùliàng	名 数量
148	数字 shùzì	名 数字
149	顺序 shùnxù	名 順番、順序
150	说明 shuōmíng	名 説明　動 説明する

北京是中国的首都。 Běijīng shì Zhōngguó de shǒudū.	北京は中国の首都です。
我去过日本的首都，印象很好。 Wǒ qùguo Rìběn de shǒudū, yìnxiàng hěn hǎo.	日本の首都に行ったことがあります。印象はすごくよかったです。
我妹妹是一家商场的售货员。 Wǒ mèimei shì yì jiā shāngchǎng de shòuhuòyuán.	妹はあるショッピングモールの店員です。
你还记得是哪个售货员卖给你的吗？ Nǐ hái jìde shì nǎge shòuhuòyuán màigěi nǐ de ma?	どの店員さんがあなたに売ったのかを覚えていますか？
开学以后，我的词语数量在进一步增加。 Kāixué yǐhòu, wǒ de cíyǔ shùliàng zài jìnyíbù zēngjiā.	学校が始まってから、私の語彙量はまた一段と増えている。
这个国家的人口数量在下降，老龄化问题越来越严重。 Zhège guójiā de rénkǒu shùliàng zài xiàjiàng, lǎolínghuà wèntí yuè lái yuè yánzhòng.	この国の人口が減っていて、高齢者の問題はますます深刻化しています。
这上面的数字我看不清楚。 Zhè shàngmiàn de shùzì wǒ kànbuqīngchu.	この表面の数字がはっきり見えません。
你能告诉我准确的数字吗？ Nǐ néng gàosu wǒ zhǔnquè de shùzì ma?	正確な数字を教えてくれますか。
会议发言的顺序已经确定了。 Huìyì fāyán de shùnxù yǐjīng quèdìng le.	会議の発言の順番はすでに決まりました。
这些文件是按时间顺序排列的。 Zhèxiē wénjiàn shì àn shíjiān shùnxù páiliè de.	これらの資料は時間順に並べてあります。
妹妹向我说明了事情发生的原因。 Mèimei xiàng wǒ shuōmíngle shìqing fāshēng de yuányīn.	妹はなぜそれが起こったのか私に説明してくれました。
事实说明我们是正确的。 Shìshí shuōmíng wǒmen shì zhèngquè de.	事実は私たちが正しかったことを証明しています。

151	硕士 shuòshì	名 修士
152	速度 sùdù	名 速度
153	塑料袋 sùliào dài	名 ビニール袋
154	孙子 sūnzi	名 孫
155	日 態 态度 tàidu	名 態度
156	汤 tāng	名 スープ

他现在是法律系的硕士研究生。 Tā xiànzài shì fǎlǜxì de shuòshì yánjiūshēng.	彼は今、法学部の大学院生です。
我们学校每年招 2000 多名硕士。 Wǒmen xuéxiào měinián zhāo liǎngqiān duō míng shuòshì.	うちの学校は毎年2000名余りの学生を修士で募集しています。
这趟火车的速度是每小时 200 公里。 Zhè tàng huǒchē de sùdù shì měi xiǎoshí liǎngbǎi gōnglǐ.	この列車のスピードは時速200kmです。
他的汉语进步速度非常快。 Tā de Hànyǔ jìnbù sùdù fēicháng kuài.	彼の中国語は上達が速いです。
你能给我一个塑料袋吗? Nǐ néng gěi wǒ yí ge sùliào dài ma?	ビニール袋を1ついただけますか?
现在已经禁止使用这种一次性塑料袋了。 Xiànzài yǐjīng jìnzhǐ shǐyòng zhè zhǒng yícìxìng sùliào dài le.	今このような使い捨てのビニール袋の使用はすでに禁止されています。
这是我孙子，今年四岁。 Zhè shì wǒ sūnzi, jīnnián sì suì.	この子は私の孫です。今年4歳です。
他给孙子买了很多玩具。 Tā gěi sūnzi mǎile hěn duō wánjù.	彼は孫におもちゃをたくさん買いました。
这些服务员的态度都很好。 Zhèxiē fúwùyuán de tàidu dōu hěn hǎo.	これらの店員たちの態度はみんないいです。
对这个问题，每个人都表明了自己的态度。 Duì zhège wèntí, měi ge rén dōu biǎomíngle zìjǐ de tàidu.	この問題について、全員が自分の態度をはっきりと示しました。
他吃饭前喜欢先喝汤。 Tā chī fàn qián xǐhuan xiān hē tāng.	彼はご飯を食べる前にまずスープを飲むのが好きです。
妈妈做的鱼汤味道好极了。 Māma zuò de yútāng wèidao hǎo jí le.	母が作った魚のスープはすごく美味しいです。

157	**糖** táng	名 砂糖　飴
158	**特点** tèdiǎn	名 特徴
159	**条件** tiáojiàn	名 条件
160	**袜子** wàzi	名 靴下
161	**网球** wǎngqiú	名 テニス
162	**网站** wǎngzhàn	名 ウェブサイト

这包是白糖，那包是红糖。 Zhè bāo shì báitáng, nà bāo shì hóngtáng.	この袋にあるのは白砂糖で、あの袋にあるのは赤砂糖です。
妈妈给了孩子两块糖。 Māma gěile háizi liǎng kuài táng.	お母さんは子どもにキャンディーを2つあげました。
北京有个特点，就是名胜古迹特别多。 Běijīng yǒu ge tèdiǎn, jiù shì míngshèng gǔjì tèbié duō.	北京には特徴があります。それは名所旧跡が特に多いことです。
给人物画像重要的是找准他的特点。 Gěi rénwù huàxiàng zhòngyào de shì zhǎozhǔn tā de tèdiǎn.	人物の絵を描くにはその人物の特徴をつかむのが重要です。
我们学校的教学条件很好。 Wǒmen xuéxiào de jiàoxué tiáojiàn hěn hǎo.	私たちの学校の教学環境はとてもいいです。
每个大学的招生条件都不一样。 Měi ge dàxué de zhāoshēng tiáojiàn dōu bù yíyàng.	それぞれの大学の募集条件は違います。
我买了一双棉袜子。 Wǒ mǎile yì shuāng mián wàzi.	綿の靴下を1足買った。
快把袜子脱了，洗洗吧。 Kuài bǎ wàzi tuō le, xǐxi ba.	早く靴下を脱いで洗いなさい。
我很喜欢网球运动。 Wǒ hěn xǐhuan wǎngqiú yùndòng.	私はテニスがとても好きです。
明天我要去看网球比赛。 Míngtiān wǒ yào qù kàn wǎngqiú bǐsài.	明日テニスの試合を見に行きます。
我在大学的网站上看到了这个消息。 Wǒ zài dàxué de wǎngzhàn shang kàndàole zhège xiāoxi.	大学のウェブサイトでこのニュースを見ました。
我们公司有自己的网站，你可以到上面报名。 Wǒmen gōngsī yǒu zìjǐ de wǎngzhàn, nǐ kěyǐ dào shàngmiàn bàomíng.	うちの会社はウェブサイトがありますので、そこで申し込むといいです。

163	味道 wèidao	名 味
164	日 衛生間 卫生间 wèishēngjiān	名 トイレ
165	温度 wēndù	名 温度
166	文章 wénzhāng	名 文章
167	误会 wùhuì	名 誤解　動 誤解する
168	西红柿 xīhóngshì	名 トマト

你觉得这些菜的味道怎么样? Nǐ juéde zhèxiē cài de wèidao zěnmeyàng?	これらの料理のお味はいかがですか。
大家尝尝这种酒的味道。 Dàjiā chángchang zhè zhǒng jiǔ de wèidao.	皆さんはこのお酒を味わってみてください。
这套房子有两个卫生间。 Zhè tào fángzi yǒu liǎng ge wèishēngjiān.	この部屋にはトイレが2つあります。
他把卫生间打扫得干干净净。 Tā bǎ wèishēngjiān dǎsǎode gāngānjìngjìng.	彼はトイレを綺麗に掃除しています。
这里冬天的温度很低，非常寒冷。 Zhèli dōngtiān de wēndù hěn dī, fēicháng hánlěng.	ここの冬は温度が低く、とても寒いです。
现在屋里的温度比外面还低。 Xiànzài wū li de wēndù bǐ wàimiàn hái dī.	今、室内の温度は外より低いです。
我认识这篇文章的作者，他是我的中学老师。 Wǒ rènshi zhè piān wénzhāng de zuòzhě, tā shì wǒ de zhōngxué lǎoshī.	私はこの文章の作者を知っています。彼は私の中学の先生です。
这家报纸一连发表了五篇关于经济改革的文章。 Zhè jiā bàozhǐ yìlián fābiǎole wǔ piān guānyú jīngjì gǎigé de wénzhāng.	この新聞社は経済改革に関する文章を続けざまに5篇発表しました。
对不起，我误会了你的意思。 Duìbuqǐ, wǒ wùhuìle nǐ de yìsi.	すみません、あなたのことを誤解しました。
两人交流太少，难免产生一些误会。 Liǎng rén jiāoliú tài shǎo, nánmiǎn chǎnshēng yìxiē wùhuì.	2人は滅多に交流しないので、誤解を起こすことを免れません。
现在市场上的西红柿便宜了。 Xiànzài shìchǎng shang de xīhóngshì piányi le.	今、市場に出回るトマトは安くなりました。
你下班时买点儿西红柿回来吧。 Nǐ xiàbān shí mǎi diǎnr xīhóngshì huílai ba.	仕事帰りに、トマトを少し買ってきてください。

169	**现金** xiànjīn	名 現金
170	**橡皮** xiàngpí	名 消しゴム、ゴム
171	**消息** xiāoxi	名 情報、ニュース
172	**小吃** xiǎochī	名 軽食
173	**小伙子** xiǎohuǒzi	名 若者
174	**小说** xiǎoshuō	名 小説

这里只能用现金付款，刷不了银行卡。 Zhèli zhǐ néng yòng xiànjīn fùkuǎn, shuābuliǎo yínhángkǎ.	ここでは、現金でのみ支払いが可能です。銀行カードは使えません。
信用卡比现金要方便多了。 Xìnyòngkǎ bǐ xiànjīn yào fāngbiànduō le.	クレジットカードは現金よりずっと便利です。
你能借我橡皮用一下吗？ Nǐ néng jiè wǒ xiàngpí yòng yíxià ma?	消しゴムを貸してもらえますか。
这块橡皮很好用，一擦就掉。 Zhè kuài xiàngpí hěn hǎoyòng, yì cā jiù diào.	この消しゴムは使いやすいです。ちょっとこすったらすぐに消えます。
听到这个消息，他非常高兴。 Tīngdào zhège xiāoxi, tā fēicháng gāoxìng.	この情報を聞いて、彼はとても喜んでいます。
毕业以后，我们就没她的消息了。 Bìyè yǐhòu, wǒmen jiù méi tā de xiāoxi le.	卒業してから、もう彼女の消息を聞いたことがありませんでした。
这个饭馆有各种各样的小吃。 Zhège fànguǎn yǒu gè zhǒng gè yàng de xiǎochī.	この店には様々な軽食があります。
他买了很多当地的小吃带回去。 Tā mǎile hěn duō dāngdì de xiǎochī dàihuiqu.	彼は地元のスナックをたくさん持って帰っていきました。
这小伙子长得很帅。 Zhè xiǎohuǒzi zhǎngde hěn shuài.	この若い男性はかっこいいです。
来搬家的是一群 20 来岁的小伙子。 Lái bānjiā de shì yì qún èrshí lái suì de xiǎohuǒzi.	引越しに来たのは20歳くらいの若い男性たちです。
我很喜欢读外国小说。 Wǒ hěn xǐhuan dú wàiguó xiǎoshuō.	私は外国の小説がとても好きです。
这部电影是根据长篇小说改编的。 Zhè bù diànyǐng shì gēnjù chángpiān xiǎoshuō gǎibiān de.	この映画は長編小説から脚色されました。

No.	単語	意味
175	效果 xiàoguǒ	名 効果
176	笑话 xiàohua	名 笑い話　動 笑いものにする
177	信封 xìnfēng	名 封筒
178	心情 xīnqíng	名 気持ち、心情
179	信息 xìnxī	名 情報、消息
180	信心 xìnxīn	名 自信

这种药的效果很好，吃两天病就好了。 Zhè zhǒng yào de xiàoguǒ hěn hǎo, chī liǎng tiān bìng jiù hǎo le.	この薬はよく効きます。2日間ぐらい飲んだら、治りました。
昨天演出的效果超过了我们的想象。 Zuótiān yǎnchū de xiàoguǒ chāoguòle wǒmen de xiǎngxiàng.	昨日のショーは私たちの想像を超えるほど反響が素晴らしいです。
这个笑话太有意思了。 Zhège xiàohua tài yǒu yìsi le.	この笑い話はとても面白いです。
他总爱笑话别人，其实很多方面还不如别人。 Tā zǒng ài xiàohua biéren, qíshí hěn duō fāngmiàn hái bùrú biéren.	彼はいつも他の人を笑いものにしていますが、実はいろいろなところで人に及ばないのです。
请把邮票贴在信封的右上角。 Qǐng bǎ yóupiào tiēzài xìnfēng de yòushàngjiǎo.	切手を封筒の右上に貼ってください。
这封信太厚了，信封里放不下。 Zhè fēng xìn tài hòu le, xìnfēng li fàngbuxià.	この手紙は厚すぎて、封筒には入りません。
他今天有说有笑的，心情特别好。 Tā jīntiān yǒu shuō yǒu xiào de, xīnqíng tèbié hǎo.	彼は今日喋ったり、笑ったりして、気分がよさそうです。
听到这个消息，他的心情特别沉重。 Tīngdào zhège xiāoxi, tā de xīnqíng tèbié chénzhòng.	このことを聞いたら、彼は気持ちが重苦しくなりました。
他们提供的信息很可靠。 Tāmen tígōng de xìnxī hěn kěkào.	彼らが提供する情報は信用できます。
我们了解到的信息是，他曾经是一名教师。 Wǒmen liǎojiědào de xìnxī shì, tā céngjīng shì yì míng jiàoshī.	私たちが知っている限りでは、彼はかつて教師だったそうです。
他对学好汉语很有信心。 Tā duì xuéhǎo Hànyǔ hěn yǒu xìnxīn.	彼は中国語の勉強に自信を持っています。
大家的鼓励增强了他克服困难的信心。 Dàjiā de gǔlì zēngqiángle tā kèfú kùnnan de xìnxīn.	みんなの励ましで、彼は困難を乗り越える自信がつきました。

181	**性别** xìngbié	名 性別
182	**幸福** xìngfú	名 幸福　形 幸福な
183	**性格** xìnggé	名 性格
184	**学期** xuéqī	名 学期
185	**压力** yālì	名 プレッシャー、圧力
186	**牙膏** yágāo	名 歯磨き粉

请在这里填上性别。 Qǐng zài zhèli tiánshàng xìngbié.	ここに性別を記入してください。
对于报名的人，公司没有性别的要求。 Duìyú bàomíng de rén, gōngsī méiyǒu xìngbié de yāoqiú.	申し込む人に対して、会社は性別についての要求がありません。
关于什么是幸福，每个人都会有不同的答案。 Guānyú shénme shì xìngfú, měi ge rén dōu huì yǒu bùtóng de dá'àn.	何が幸せかについては、人それぞれの答えがあります。
他的脸上露出了幸福的微笑。 Tā de liǎn shang lùchūle xìngfú de wēixiào.	彼の顔には幸せそうな笑顔が浮かびました。
他性格很好，从来不生气。 Tā xìnggé hěn hǎo, cónglái bù shēngqì.	彼は性格がいいです。一度も怒ったことがありません、
人的性格是长期形成的，很难改变。 Rén de xìnggé shì chángqī xíngchéng de, hěn nán gǎibiàn.	人の性格は長い時間で形成されているので、簡単には変えられません。
上个学期我有一门课不及格。 Shàng ge xuéqī wǒ yǒu yì mén kè bù jígé.	前の学期、私は1つの科目が不合格でした。
新学期开始了，学生们都很兴奋。 Xīn xuéqī kāishǐ le, xuéshengmen dōu hěn xīngfèn.	新学期が始まりました。学生たちはみな興奮しています。
雪在压力作用下变成了冰。 Xuě zài yālì zuòyòng xià biànchéngle bīng.	雪は圧力によって氷になりました。
他最近任务多，压力很大。 Tā zuìjìn rènwù duō, yālì hěn dà.	彼は最近仕事が多く、プレッシャーが大きいです。
我喜欢用水果味儿的牙膏。 Wǒ xǐhuan yòng shuǐguǒ wèir de yágāo.	私は果物味の歯磨きが好きです。
我刷牙的时候，才发现牙膏用完了。 Wǒ shuāyá de shíhou, cái fāxiàn yágāo yòngwán le.	歯を磨くときになって、歯磨きがなくなったことに気づきました。

187	日亜州 **亚洲** Yàzhōu	名アジア
188	**盐** yán	名塩
189	**眼镜** yǎnjìng	名眼鏡
190	**演员** yǎnyuán	名役者
191	**阳光** yángguāng	名日光
192	**样子** yàngzi	名様子、格好

中国和日本同属于亚洲。 Zhōngguó hé Rìběn tóng shǔyú Yàzhōu.	中国と日本は同じくアジアに属しています。
亚洲国家之间加强了经济合作。 Yàzhōu guójiā zhī jiān jiāqiángle jīngjì hézuò.	アジアの国同士は経済協力を強めました。
这个菜盐放多了，很咸。 Zhège cài yán fàngduō le, hěn xián.	この料理は塩を入れすぎています。とてもしょっぱいです。
这个菜忘了放盐，什么味儿也没有。 Zhège cài wàngle fàng yán, shénme wèir yě méiyǒu.	この料理は塩を入れるのを忘れてしまいました。何の味もしません。
他很小就近视了，一直戴着眼镜。 Tā hěn xiǎo jiù jìnshì le, yìzhí dàizhe yǎnjìng.	彼は小さいときから近視で、ずっと眼鏡をかけています。
他摘了眼镜什么都看不清楚。 Tā zhāile yǎnjìng shénme dōu kànbuqīngchu.	彼は眼鏡を外したら、何もはっきり見えません。
他的理想是当一名电影演员。 Tā de lǐxiǎng shì dāng yì míng diànyǐng yǎnyuán.	彼の理想は映画俳優になることです。
演员的生活往往受到人们的关注。 Yǎnyuán de shēnghuó wǎngwǎng shòudào rénmen de guānzhù.	役者の生活はしばしば人々に注目されます。
今天阳光很好，非常暖和。 Jīntiān yángguāng hěn hǎo, fēicháng nuǎnhuo.	今日はよく晴れて、暖かいです。
这间屋子见不到阳光，有点儿冷。 Zhè jiān wūzi jiànbudào yángguāng, yǒudiǎnr lěng.	この部屋は日光が見られなくて、少し寒いです。
这个手机的样子很好看。 Zhège shǒujī de yàngzi hěn hǎokàn.	この携帯はとてもかっこいいです。
你还记得那人长什么样子吗？ Nǐ hái jìde nà rén zhǎng shénme yàngzi ma?	その人がどんな顔をしていたか覚えていますか。

193	钥匙 yàoshi	名 鍵
194	叶子 yèzi	名 葉っぱ
195	意见 yìjiàn	名 意見
196	日 芸術 艺术 yìshù	名 芸術
197	印象 yìnxiàng	名 印象
198	优点 yōudiǎn	名 長所

这是房间的钥匙，你收好。 Zhè shì fángjiān de yàoshi, nǐ shōuhǎo.	これは部屋の鍵です。きちんと納めてください。
我想再配一把门钥匙。 Wǒ xiǎng zài pèi yì bǎ mén yàoshi.	鍵をもう1本作りたいです。
秋天到了，树上的叶子开始变黄了。 Qiūtiān dào le, shù shang de yèzi kāishǐ biànhuáng le.	秋になると、木の葉が黄色くなります。
她从树上摘了一片叶子夹在书里。 Tā cóng shù shang zhāile yí piàn yèzi jiāzài shū li.	彼女は木から1枚の葉っぱを取って、本に挟みました。
我们俩的意见一致。 Wǒmen liǎ de yìjiàn yízhì.	私たち2人は意見が一致しています。
在这个问题上，我没有不同意见。 Zài zhège wèntí shang, wǒ méiyǒu bùtóng yìjiàn.	この問題について、私は異なる意見を持っていません。
书法是一门美的艺术。 Shūfǎ shì yì mén měi de yìshù.	書道は美の芸術です。
经理很懂得领导艺术。 Jīnglǐ hěn dǒngde lǐngdǎo yìshù.	マネージャーは人をまとめるテクニックをよく知っています。
北京给我留下了深刻的印象。 Běijīng gěi wǒ liúxiàle shēnkè de yìnxiàng.	北京は私に深い印象を残しました。
我对那部电影已经没有印象了。 Wǒ duì nà bù diànyǐng yǐjīng méiyǒu yìnxiàng le.	あの映画のことはもう全く印象がなくなりました。
我们要多学习别人的优点。 Wǒmen yào duō xuéxí biérén de yōudiǎn.	私たちはよく人の長所を習うべきです。
他总是想办法把缺点转变成优点。 Tā zǒngshì xiǎng bànfǎ bǎ quēdiǎn zhuǎnbiànchéng yōudiǎn.	彼はいつも何とかして短所を長所に変えようとします。

199	日郵局 **邮局** yóujú	名 郵便局
200	日友誼 **友谊** yǒuyì	名 友情
201	**语法** yǔfǎ	名 文法
202	**羽毛球** yǔmáoqiú	名 バドミントン
203	**语言** yǔyán	名 言語
204	**原因** yuányīn	名 原因

下午我要去一趟邮局。 Xiàwǔ wǒ yào qù yí tàng yóujú.	午後、郵便局に行ってこなければなりません。
我寄东西都是在附近的邮局。 Wǒ jì dōngxi dōu shì zài fùjìn de yóujú.	私が物を送るのはいつも家の近くの郵便局からです。
我们已经有 20 多年的友谊了。 Wǒmen yǐjīng yǒu èrshí duō nián de yǒuyì le.	私たちはすでに20年を超える友好関係を持っています。
他很重视朋友间的友谊。 Tā hěn zhòngshì péngyou jiān de yǒuyì.	彼は友達との友情を大切にしています。
我觉得汉语语法很难。 Wǒ juéde Hànyǔ yǔfǎ hěn nán.	中国語の文法はかなり難しいと思います。
你学会了语法，就能说出正确的句子。 Nǐ xuéhuìle yǔfǎ, jiù néng shuōchū zhèngquè de jùzi.	文法を身につければ、正確な文を話すことができます。
昨天我们打了一场羽毛球比赛。 Zuótiān wǒmen dǎle yì chǎng yǔmáoqiú bǐsài.	昨日、私たちはバドミントンの試合をしました。
体育馆里打羽毛球怎么收费? Tǐyùguǎn li dǎ yǔmáoqiú zěnme shōufèi?	体育館でバドミントンをするには、どのようにお金を払いますか。
他会三种语言：英语、法语和汉语。 Tā huì sān zhǒng yǔyán: Yīngyǔ､Fǎyǔ hé Hànyǔ.	彼は3種類の言語ができます。英語、フランス語、中国語です。
他很有语言天赋，学语言学得很快。 Tā hěn yǒu yǔyán tiānfù, xué yǔyán xuéde hěn kuài.	彼は語学の才能があるので、言語を学ぶのが早いです。
出现这个问题，原因很复杂。 Chūxiàn zhège wèntí, yuányīn hěn fùzá.	この問題が起こった原因は複雑です。
事故的原因还需要进一步调查。 Shìgù de yuányīn hái xūyào jìnyíbù diàochá.	事故の原因はさらに調査しなければなりません。

205	约会 yuēhuì	名デート、会う約束　動会う約束をする
206	云 yún	名雲
207	日雑 杂志 zázhì	名雑誌
208	暂时 zànshí	名一時的
209	责任 zérèn	名責任
210	证明 zhèngmíng	名証明　動証明する

我晚上七点有个约会。
Wǒ wǎnshang qī diǎn yǒu ge yuēhuì.
夜7時に人と会う約束があります。

我记不清我们第一次约会的地点了。
Wǒ jìbuqīng wǒmen dì yī cì yuēhuì de dìdiǎn le.
私は私たちの初めてのデートの場所をよく覚えていません。

今天云不多，应该不会下雨。
Jīntiān yún bù duō, yīnggāi bú huì xià yǔ.
今日は雲が少ないので、雨が降るはずはありません。

我很喜欢这蓝天白云的天气。
Wǒ hěn xǐhuan zhè lántiān báiyún de tiānqì.
私はこの青い空に白い雲という天気が好きです。

我最爱看文学杂志，我喜欢里面的小说。
Wǒ zuì ài kàn wénxué zázhì, wǒ xǐhuan lǐmiàn de xiǎoshuō.
私は文学の雑誌を読むのが一番好きで、その中の小説が好きです。

他是一家杂志社的主编，每天要看很多稿件。
Tā shì yì jiā zázhìshè de zhǔbiān, měitiān yào kàn hěn duō gǎojiàn.
彼はある雑誌の編集長です。毎日たくさんの原稿を読みます。

困难只是暂时的，相信以后会好起来的。
Kùnnan zhǐshì zànshí de, xiāngxìn yǐhòu huì hǎoqǐlai de.
困難は一時的なもので、今後はよくなると信じています。

因为学校离奶奶家近，他暂时住奶奶那里。
Yīnwèi xuéxiào lí nǎinai jiā jìn, tā zànshí zhù nǎinai nàli.
学校はお祖母さんの家から近いので、彼はしばらくお祖母さんの家に泊まります。

他被选为厂长，责任比从前重多了。
Tā bèi xuǎnwéi chǎngzhǎng, zérèn bǐ cóngqián zhòngduō le.
彼は工場長に選ばれ、責任は前より重くなりました。

这次事故的责任由我一人承担。
Zhè cì shìgù de zérèn yóu wǒ yì rén chéngdān.
今回の事故の責任は私1人で負います。

这个证件证明了他的真实身份。
Zhège zhèngjiàn zhèngmíngle tā de zhēnshí shēnfèn.
この証明書は彼の本当の身分を証明しました。

这个理论还需要进一步证明。
Zhège lǐlùn hái xūyào jìnyíbù zhèngmíng.
この理論は更に証明されなければなりません。

211	日識 知识 zhīshi	名 知識
212	植物 zhíwù	名 植物
213	日職業 职业 zhíyè	名 職業
214	日質 质量 zhìliàng	名 質
215	重点 zhòngdiǎn	名 重点　形 重要な
216	周围 zhōuwéi	名 周囲

老李知识非常丰富，什么问题都难不倒他。 Lǎo Lǐ zhīshi fēicháng fēngfù, shénme wèntí dōu nànbudǎo tā.	李さんは知識が豊富なので、どんな問題も彼を困らせることはありません。
知识分子是推动科学发展的重要力量。 Zhīshi fènzǐ shì tuīdòng kēxué fāzhǎn de zhòngyào lìliàng.	インテリは科学発展を推し進める重要な力です。
植物生长离不开阳光、空气和水。 Zhíwù shēngzhǎng líbukāi yángguāng,kōngqì hé shuǐ.	植物の成長は太陽、空気、水が欠かせません。
我们这儿的热带植物品种很丰富。 Wǒmen zhèr de rèdài zhíwù pǐnzhǒng hěn fēngfù.	私たちのところの熱帯植物は品種が豊富です。
爸爸的职业是教师，常常在家辅导学生。 Bàba de zhíyè shì jiàoshī, chángcháng zài jiā fǔdǎo xuésheng.	父の職業は教師で、よく家で学生の補習をします。
他是职业运动员，还在国际大赛中获过奖呢。 Tā shì zhíyè yùndòngyuán, hái zài guójì dàsài zhōng huòguo jiǎng ne.	彼はプロの選手で、国際試合で入賞したことがあります。
这台电脑质量不错，我都用了十年了。 Zhè tái diànnǎo zhìliàng búcuò, wǒ dōu yòngle shí nián le.	このパソコンは質がいいです。もう10年も使っています。
公司非常注重产品质量，因为质量决定声誉。 Gōngsī fēicháng zhùzhòng chǎnpǐn zhìliàng, yīnwèi zhìliàng juédìng shēngyù.	会社は商品の質を重視しています。というのは、質は信用を決めるからです。
这篇文章重点突出，材料充分。 Zhè piān wénzhāng zhòngdiǎn tūchū, cáiliào chōngfèn.	この文章はポイントが際立っていて、素材も充分です。
他主持的研究是国家的一个重点项目。 Tā zhǔchí de yánjiū shì guójiā de yí ge zhòngdiǎn xiàngmù.	彼が担当している研究は国の重要プロジェクトです。
教学楼的周围是一片小树林。 Jiàoxuélóu de zhōuwéi shì yí piàn xiǎo shùlín.	講義棟の周りは一面小さな林です。
这个地方有山有水，周围的环境很好。 Zhège dìfang yǒu shān yǒu shuǐ, zhōuwéi de huánjìng hěn hǎo.	この地方では、山や水があり、周りの環境がいいです。

217	**主意** zhǔyi	名 考え
218	日 専業 **专业** zhuānyè	名 専攻　形 プロの
219	**自然** zìrán	名 自然　副 自然に　形 もっともな、自然な
220	**左右** zuǒyòu	名 左右
221	**作家** zuòjiā	名 作家
222	**座位** zuòwèi	名 座席

老王的主意多，我们请他来吧。 Lǎo Wáng de zhǔyi duō, wǒmen qǐng tā lái ba.	王さんはアイデアが多いので、彼に来てもらいましょう。
弟弟已经打定了主意，一定要去中国留学。 Dìdi yǐjīng dǎdìngle zhǔyi, yídìng yào qù Zhōngguó liúxué.	弟はもう考えを決めました。絶対中国へ留学に行きます。
每个专业都有它的研究价值。 Měi ge zhuānyè dōu yǒu tā de yánjiū jiàzhí.	どの専攻にもそれぞれの研究価値があります。
他是专业运动员，水平很高。 Tā shì zhuānyè yùndòngyuán, shuǐpíng hěn gāo.	彼はプロの選手で、レベルが高いです。
我喜欢自然风光，不喜欢假山假水。 Wǒ xǐhuan zìrán fēngguāng, bù xǐhuan jiǎ shān jiǎ shuǐ.	私は自然の風景が好きです。人工的な山や川は好きではありません。
他神情自然，看不出一点儿紧张。 Tā shénqíng zìrán, kànbuchū yìdiǎnr jǐnzhāng.	彼は表情が自然で、少しの緊張も見えませんでした。
他左右手都能写字。 Tā zuǒyòu shǒu dōu néng xiě zì.	彼は両方の手で字が書けます。
我不想左右你们，你们自己做判断吧。 Wǒ bù xiǎng zuǒyòu nǐmen, nǐmen zìjǐ zuò pànduàn ba.	あなたたちに干渉したくありません。自分たちで判断してください。
她不仅是一名歌唱家，还是一位作家。 Tā bùjǐn shì yì míng gēchàngjiā, hái shì yí wèi zuòjiā.	彼女は歌手でもあり、作家でもあります。
我从小就想当一名作家。 Wǒ cóngxiǎo jiù xiǎng dāng yì míng zuòjiā.	私は小さいころから作家になりたいと思っていました。
这趟车不挤，人人都有座位。 Zhè tàng chē bù jǐ, rénrén dōu yǒu zuòwèi.	このバスは混んでいないので、みな座席に座れます。
这个电影院有 2000 多个座位。 Zhège diànyǐngyuàn yǒu liǎngqiān duō ge zuòwèi.	この映画館には2000以上の席があります。

Track 038

223	作用 zuòyòng	名 作用
224	作者 zuòzhě	名 作者
225	安排 ānpái	動 手配する、配置する、段取りをする　名 段取り
226	保护 bǎohù	動 守る、保護する
227	保证 bǎozhèng	動 保証する、約束する　名 保証
228	抱 bào	動（腕の中に）抱える、抱く

吃饭和穿衣在人们生活中起着最基本的作用。 Chīfàn hé chuānyī zài rénmen shēnghuó zhōng qǐzhe zuì jīběn de zuòyòng.	衣、食は人々の生活の中で最も基本的な役割を果たしている。
在信息交流中，语言起着重要的沟通作用。 Zài xìnxī jiāoliú zhōng, yǔyán qǐzhe zhòngyào de gōutōng zuòyòng.	情報交換において、言語は重要なコミュニケーションの役割を果たします。
作者花了三年的时间才完成了这部小说。 Zuòzhě huāle sān nián de shíjiān cái wánchéngle zhè bù xiǎoshuō.	作者は3年をかけて、やっとこの小説を完成させました。
出版社已经把稿费寄给作者了。 Chūbǎnshè yǐjīng bǎ gǎofèi jìgěi zuòzhě le.	出版社はすでに原稿料を作者に郵送しました。
经理安排我参加这次会议。 Jīnglǐ ānpái wǒ cānjiā zhè cì huìyì.	CEOは私が今回の会議に参加するよう手配しました。
我今天听你的安排，你让我做什么我就做什么。 Wǒ jīntiān tīng nǐ de ānpái, nǐ ràng wǒ zuò shénme wǒ jiù zuò shénme.	私は今日はあなたの采配に従います、あなたがするように言ったことは何でもやります。
他用身体保护着这些孩子。 Tā yòng shēntǐ bǎohùzhe zhèxiē háizi.	彼は身をもってこの子どもたちを守っています。
对这里的古代建筑应该加以保护。 Duì zhèli de gǔdài jiànzhù yīnggāi jiāyǐ bǎohù.	ここの古代建築は保護しなければならない。
我保证所说的话都是真的。 Wǒ bǎozhèng suǒ shuō de huà dōu shì zhēn de.	私は言ったことは全部本当だと保証します。
这项检查措施让产品质量有了保证。 Zhè xiàng jiǎnchá cuòshī ràng chǎnpǐn zhìliàng yǒule bǎozhèng.	この検査処置によって生産品の質が保証されるようになりました。
这孩子太重了，我抱不动了。 Zhè háizi tài zhòng le, wǒ bàobudòng le.	この子供はとても重いので、抱き上げることができません。
比赛胜利了，他们激动得紧紧抱在一起。 Bǐsài shènglì le, tāmen jīdòngde jǐnjǐn bàozài yìqǐ.	試合に勝ったので、彼らは興奮してしっかりと抱き合いました。

229	**报名** bào//míng	動 申し込む、応募する
230	**毕业** bì//yè	動 卒業する
231	**表示** biǎoshì	動 表明する、表す
232	**表演** biǎoyǎn	動 演技する
233	**表扬** biǎoyáng	動 褒める
234	**擦** cā	動 こする、拭く、塗る

我已经报名参加汉语学习班了。 Wǒ yǐjīng bàomíng cānjiā Hànyǔ xuéxí bān le.	私はすでに中国語学習セミナーに申し込みました。
我们都报了名，准备参加演出。 Wǒmen dōu bàole míng, zhǔnbèi cānjiā yǎnchū.	私たちはみんな申し込んだので、出演する準備をします。
弟弟明年就要大学毕业了。 Dìdi míngnián jiùyào dàxué bìyè le.	弟は来年もうすぐ大学を卒業します。
他考试不及格，毕不了业。 Tā kǎoshì bù jígé, bìbuliǎo yè.	彼はテストで不合格だったので、卒業できませんした。
她不说话就是表示不同意。 Tā bù shuōhuà jiù shì biǎoshì bù tóngyì.	彼女が何も言わないのはつまり同意しないことを示します。
他点头了，表示已经同意了。 Tā diǎntóu le, biǎoshì yǐjīng tóngyì le.	彼は頷き、すでに同意したことを示しました。
我第一次表演时，心里特别紧张。 Wǒ dì yī cì biǎoyǎn shí, xīnli tèbié jǐnzhāng.	私は初めて演技したとき、とても緊張しました。
我想参加这次的汉语节目表演。 Wǒ xiǎng cānjiā zhè cì de Hànyǔ jiémù biǎoyǎn.	私は今回の中国語番組出演に参加したいです。
他学习很努力，老师表扬了他。 Tā xuéxí hěn nǔlì, lǎoshī biǎoyángle tā.	彼はとても頑張って勉強したので、先生は彼を誉めました。
他儿子在学校经常受到表扬。 Tā érzi zài xuéxiào jīngcháng shòudào biǎoyáng.	彼の息子は学校でいつも褒められています。
他把窗户擦得干干净净的。 Tā bǎ chuānghù cāde gāngānjìngjìng de.	彼は窓をピカピカに拭きました。
你的手流血了，快擦点儿药吧。 Nǐ de shǒu liúxuè le, kuài cā diǎnr yào ba.	あなたの手は血が出ています。早く薬を塗りましょう。

235	**猜** cāi	動 推測する、当てる
236	**参观** cānguān	動 見学する、参観する
237	**超过** chāoguò	動 追い越す、上回る、超える
238	**成功** chénggōng	動 成功する　形 うまくいく
239	**成为** chéngwéi	動 ～となる、～とする
240	**乘坐** chéngzuò	動 乗る

这个答案是我猜出来的。 Zhège dá'àn shì wǒ cāichūlai de.	この答えは私が導き出したものです。
我猜了三次，也没猜对。 Wǒ cāile sān cì, yě méi cāiduì.	私は3回予想しましたが、当たりませんでした。
他们去博物馆参观了一天。 Tāmen qù bówùguǎn cānguānle yì tiān.	彼らは博物館に行って一日中見学していました。
对不起，本工厂谢绝参观。 Duìbuqǐ, běn gōngchǎng xièjué cānguān.	申し訳ありません。当工場の見学はお断りしております。
我们的火车很快就超过了那辆汽车。 Wǒmen de huǒchē hěn kuài jiù chāoguòle nà liàng qìchē.	私たちの電車はもうすぐあの自動車を追い越します。
今年的学生数量超过了去年。 Jīnnián de xuésheng shùliàng chāoguòle qùnián.	今年の学生数は去年を超えました。
我申请奖学金成功了！ Wǒ shēnqǐng jiǎngxuéjīn chénggōng le!	私は奨学金の申請に通りました！
他们成功举办了这次运动会。 Tāmen chénggōng jǔbànle zhè cì yùndònghuì.	彼らは今回の運動会の開催に成功しました。
他们现在成为了好朋友。 Tāmen xiànzài chéngwéile hǎo péngyou.	彼らは今では仲の良い友達になりました。
不要让困难成为你前进的阻碍。 Búyào ràng kùnnan chéngwéi nǐ qiánjìn de zǔ'ài.	困難をあなたが前進する障害にしてはなりません。
我们乘坐 T207 次火车到北京。 Wǒmen chéngzuò T èrlíngqī cì huǒchē dào Běijīng.	私たちはT207号の電車に乗って北京に着きました。
我们乘坐的航班快起飞了。 Wǒmen chéngzuò de hángbān kuài qǐfēi le.	私たちが乗る便はもうすぐ離陸します。

No.	単語	意味
241	**吃惊** chī//jīng	動 驚く、びっくりする
242	**抽烟** chōu//yān	動 タバコを吸う
243	**出差** chū//chāi	動 出張する
244	**出发** chūfā	動 出発する
245	**出生** chūshēng	動 生まれる
246	**出现** chūxiàn	動 現れる

他有那么大力气，真让人吃惊。 Tā yǒu nàme dà lìqi, zhēn ràng rén chījīng.	彼はあんなに力があるなんて、本当にびっくりです。
她突然哭了起来，妈妈吃惊地看着她。 Tā tūrán kūleqǐlai, māma chījīngde kànzhe tā.	彼女は突然泣き出し、お母さんは驚いたように彼女を見ています。
他抽烟太多，总是咳嗽。 Tā chōuyān tài duō, zǒngshì késou.	彼はタバコの吸い過ぎで、いつも咳をしています。
请抽支烟吧。 Qǐng chōu zhī yān ba.	タバコをどうぞ。
我下个月要到美国出差。 Wǒ xià ge yuè yào dào Měiguó chūchāi.	私は来月アメリカに出張しなければなりません。
他今年已经出了两趟差了。 Tā jīnnián yǐjīng chūle liǎng tàng chāi le.	彼は今年すでに2回出張しました。
他们已经出发 20 多分钟了。 Tāmen yǐjīng chūfā èrshí duō fēnzhōng le.	彼らはすでに出発して20分になります。
考虑问题，应该从实际出发。 Kǎolǜ wèntí, yīnggāi cóng shíjì chūfā.	問題を考える際は、事実から始めるべきです。
我是 1992 年出生的。 Wǒ shì yījiǔjiǔ'èr nián chūshēng de.	私は1992年に生まれました。
我出生的时候，我哥哥已经十岁了。 Wǒ chūshēng de shíhou, wǒ gēge yǐjīng shí suì le.	私が生まれたころ、私の兄はすでに10歳でした。
她突然出现，让我吃了一惊。 Tā tūrán chūxiàn, ràng wǒ chīle yì jīng.	彼女が突然現れて、私はびっくりしました。
他突然出现在我面前，让我吃了一惊。 Tā tūrán chūxiànzài wǒ miànqián, ràng wǒ chīle yì jīng.	彼は突然私の前に現れたので、私は驚きました。

No.	単語	意味
247	存 cún	動 預ける、保存する
248	打扮 dǎbàn	動 おしゃれをする
249	打折 dǎ//zhé	動 値引きする
250	打针 dǎ//zhēn	動 注射を打つ
251	戴 dài	動 被る、掛ける
252	倒 dào	動 反対にする　副 ～なのに

我下午要去银行存钱。 Wǒ xiàwǔ yào qù yínháng cún qián.	私は午後銀行に預金しに行きます。
自行车存起来就不会丢了。 Zìxíngchē cúnqilai jiù bú huì diū le.	自転車は預ければなくならないでしょう。
她出门前总要打扮很长时间。 Tā chūmén qián zǒng yào dǎban hěn cháng shíjiān.	彼女は家を出る前いつもおしゃれに長い時間がかかります。
一看他的打扮，就知道是个知识分子。 Yí kàn tā de dǎbàn, jiù zhīdao shì ge zhīshi fènzǐ.	彼の服装を見ると、インテリであると分かります。
节日期间很多商品都会打折。 Jiérì qījiān hěnduō shāngpǐn dōu huì dǎzhé.	祝日の期間は多くの商品が割引されます。
老板，这几件衣服给打个折吧。 Lǎobǎn, zhè jǐ jiàn yīfu gěi dǎ ge zhé ba.	店長さん、この服を割り引いてくださいよ。
我下午要去医院打针。 Wǒ xiàwǔ yào qù yīyuàn dǎzhēn.	私は午後病院に行って注射を打ちます。
大夫给我打了一针，现在不那么疼了。 Dàifu gěi wǒ dǎle yì zhēn, xiànzài bú nàme téng le.	医者は私に注射を打ったので、今はそんなに痛くありません。
不管什么天气，他总是戴着帽子。 Bùguǎn shénme tiānqì, tā zǒngshì dàizhe màozi.	どんな天気でも、彼はいつも帽子を被っています。
我眼睛不好，必须戴眼镜。 Wǒ yǎnjing bù hǎo, bìxū dài yǎnjìng.	私は目がよくないので、必ず眼鏡を掛けます。
墙上的画挂倒了。 Qiáng shang de huà guàdào le.	壁の絵が逆さまにかけられています。
真希望时间能倒回两年前。 Zhēn xīwàng shíjiān néng dàohuí liǎng nián qián.	本当に時間が2年前に戻せればいいのにと思います。

253

道歉

dào//qiàn

動 謝罪する

コロ 向~道歉 xiàng ~dàoqiàn ~に謝罪する

254

打扰

dărăo

動 邪魔をする

255

打印

dăyìn

動 印刷する

256

掉

diào

動 落ちる、取れる

257

调查

diàochá

動 調査する　名 調査

258

丢

diū

動 失くす

我是专门来道歉的，请你原谅我。 Wǒ shì zhuānmén lái dàoqiàn de, qǐng nǐ yuánliàng wǒ.	私は謝罪のために参りました。どうかお許しください。
我道了半天歉，他就是不原谅我。 Wǒ dàole bàntiān qiàn, tā jiùshì bù yuánliàng wǒ.	私は長いこと謝りましたが、彼は絶対に許してくれませんでした。
他在睡觉，我不想打扰他。 Tā zài shuìjiào, wǒ bù xiǎng dǎrǎo tā.	彼は寝ているので、私は邪魔をしたくありません。
对不起，打扰一下，我能请你帮个忙吗？ Duìbuqǐ, dǎrǎo yíxià, wǒ néng qǐng nǐ bāng ge máng ma?	ごめんなさい、ご迷惑をお掛けしますが、お願いごとをしてもいいですか？
请帮我把这份文件打印出来。 Qǐng bāng wǒ bǎ zhè fèn wénjiàn dǎyìnchūlai.	このファイルを印刷してくれませんか？
这个材料我打印了两份。 Zhège cáiliào wǒ dǎyìnle liǎng fèn.	この資料を私は2部印刷しました。
树上的叶子都掉了。 Shù shang de yèzi dōu diào le.	木の葉はすべて落ちました。
我的衣服上掉了一个扣子。 Wǒ de yīfu shang diàole yí ge kòuzi.	私の服からボタンが1つ取れました。
我们已经调查了事故的原因。 Wǒmen yǐjīng diàochále shìgù de yuányīn.	私はすでに事故の原因を調査しました。
这次关于人口数量的调查很重要。 Zhè cì guānyú rénkǒu shùliàng de diàochá hěn zhòngyào.	今回の人口数に関する調査はとても重要です。
我在公共汽车上丢了钱包。 Wǒ zài gōnggòng qìchē shang diūle qiánbāo.	私はバスの中で財布を失くしました。
他忘了把包丢在哪儿了。 Tā wàngle bǎ bāo diūzài nǎr le.	私は鞄をどこで失くしたのか忘れました。

259	**堵车** dǔchē	動 渋滞する
260	**发生** fāshēng	動 生じる、起こる、引き起こす
261	**发展** fāzhǎn	動 発展する　名 発展
262	**反对** fǎnduì	動 反対する
263	**放弃** fàngqì	動 諦める
264	**放松** fàngsōng	動 リラックスする

这条路上经常堵车，尤其是到下班的时候。 Zhè tiáo lùshang jīngcháng dǔchē, yóuqí shì dào xiàbān de shíhou.	この道はよく渋滞します。特に退勤のときです。
大城市堵车堵得越来越厉害了。 Dà chéngshì dǔchē dǔde yuè lái yuè lìhai le.	大都市の渋滞はますますひどくなりました。
我的家乡发生了很大变化。 Wǒ de jiāxiāng fāshēngle hěn dà biànhuà.	私の故郷は大きく変化しました。
事情发生了一个月后，我才知道。 Shìqing fāshēngle yí ge yuè hòu, wǒ cái zhīdao.	事が起こって1カ月たってから、私はようやく知りました。
近几年，这里的旅游业发展得很快。 Jìn jǐ nián, Zhèli de lǚyóuyè fāzhǎnde hěn kuài.	この数年、ここの旅行業界は発展がとても速いです。
科学技术促进了社会的发展。 Kēxué jìshù cùjìnle shèhuì de fāzhǎn.	科学技術は社会の発展を促進しました。
他们都反对我的看法。 Tāmen dōu fǎnduì wǒ de kànfǎ.	彼らはみんな私の考えに反対しました。
我们反对这种不合理的制度。 Wǒmen fǎnduì zhè zhǒng bù hélǐ de zhìdù.	私たちはこのような不合理な制度に反対します。
工作太忙，我不得不放弃旅游的计划。 Gōngzuò tài máng, wǒ bù dé bù fàngqì lǚyóu de jìhuà.	仕事があまりに忙しいので、私はやむを得ず旅行の計画を諦めました。
这是个好机会，你可不要放弃呀。 Zhè shì ge hǎo jīhuì, nǐ kě búyào fàngqì ya.	これはよい機会ですので、絶対に断念してはいけません。
你放松一点儿，别太紧张。 Nǐ fàngsōng yìdiǎnr, bié tài jǐnzhāng.	少しリラックスして、あまり緊張しないでください。
我们去听听音乐，放松一下吧。 Wǒmen qù tīngting yīnyuè, fàngsōng yíxià ba.	私たちは音楽を聴き、リラックスしましょう。

265	**符合** fúhé	動 合致する
266	**付款** fùkuǎn	動 代金を支払う
267	**复印** fùyìn	動 コピーする
268	**负责** fù//zé	動 責任を負う
269	**改变** gǎibiàn	動 変える　名 変化
270	**干杯** gān//bēi	動 乾杯する

这些产品质量完全符合标准，没有任何问题。 Zhèxiē chǎnpǐn zhìliàng wánquán fúhé biāozhǔn, méiyǒu rènhé wèntí.	これらの生産品の質は完全に基準に合っていて、何の問題もありません。
他说的话不符合事实。 Tā shuō de huà bù fúhé shìshí.	彼の話は事実と合いません。
我可以用信用卡付款吗？ Wǒ kěyǐ yòng xìnyòngkǎ fùkuǎn ma?	クレジットカードで支払っていいですか？
等你付完款，就可以打开这个盒子了。 Děng nǐ fùwán kuǎn, jiù kěyǐ dǎkāi zhège hézi le.	あなたは代金を支払ったら、この箱を開けることができます。
我把这几篇文章都复印了。 Wǒ bǎ zhè jǐ piān wénzhāng dōu fùyìn le.	私はこの数篇の文章をすべてコピーしました。
这篇文章是我从报纸上复印下来的。 Zhè piān wénzhāng shì wǒ cóng bàozhǐ shang fùyìnxiàlai de.	この文章は私が新聞からコピーしてきたものです。
他在工厂负责生产工作。 Tā zài gōngchǎng fùzé shēngchǎn gōngzuò.	彼は工場で生産関係の仕事を担当しています。
他是会计，对工作非常负责。 Tā shì kuàijì, duì gōngzuò fēicháng fùzé.	彼は会計士で、仕事にとても大きな責任を負っています。
他已经改变了对这个问题的看法。 Tā yǐjīng gǎibiànle duì zhège wèntí de kànfǎ.	彼はすでにこの問題に対する考えを変えました。
我们应当看到他的改变，承认他的进步。 Wǒmen yīngdāng kàndào tā de gǎibiàn, chéngrèn tā de jìnbù.	私たちは彼の変化を見るべきで、彼の進歩を認めるべきです。
为了大家的健康，我们干杯！ Wèile dàjiā de jiànkāng, wǒmen gānbēi!	みなさんの健康のために、乾杯しましょう！
他们干过好几杯了。 Tāmen gānguo hǎojǐ bēi le.	彼らは何杯も乾杯しました。

271	**赶** gǎn	動 追いつく、駆けつける
272	**感动** gǎndòng	動 感動する
273	**感觉** gǎnjué	動 感じる　名 感覚、感じ
274	**感谢** gǎnxiè	動 感謝する
275	**干** gàn	動 する、やる
276	**够** gòu	動 充分である、(手に) 取る、届く 副 充分

事故发生后，记者很快就赶到了。 Shìgù fāshēng hòu, jìzhě hěn kuài jiù gǎndào le.	事故が起こった後、記者はすぐに駆けつけました。
他养了一群羊，每天都赶出去放。 Tā yǎngle yì qún yáng, měitiān dōu gǎnchuqu fàng.	彼は羊の群れを飼っていて毎日放牧します。
大家为他唱生日歌的时候，他感动得哭了。 Dàjiā wèi tā chàng shēngrì gē de shíhou, tā gǎndòngde kū le.	みんなが彼に誕生日の歌を歌ったとき、彼は感動して泣き出しました。
看到这样的场面，我非常感动。 Kàndào zhèyàng de chǎngmiàn, wǒ fēicháng gǎndòng.	このような場面を見て、私は非常に感動しました。
我感觉他说的不一定是真的。 Wǒ gǎnjué tā shuō de bù yídìng shì zhēn de.	私は彼が言っていることは必ずしも本当ではないと感じています。
我对他有一种说不出的感觉。 Wǒ duì tā yǒu yì zhǒng shuōbuchū de gǎnjué.	私は彼になんとも言いようのない感じを抱いています。
我代表大家感谢经理的热情招待。 Wǒ dàibiǎo dàjiā gǎnxiè jīnglǐ de rèqíng zhāodài.	私はみんなを代表して支配人の心のこもったおもてなしに感謝します。
你们来看我，真是太感谢了。 Nǐmen lái kàn wǒ, zhēn shì tài gǎnxiè le.	あなたたちが私に会いに来てくれて、本当に感謝しています。
他不知道毕业以后干什么。 Tā bù zhīdào bìyè yǐhòu gàn shénme.	彼は卒業後何をするか知りません。
我没干过这事，心里有点儿紧张。 Wǒ méi gànguo zhè shì, xīn li yǒudiǎnr jǐnzhāng.	私はこれをした経験がなく、少し緊張しています。
不用太多人，来三个就够了。 Búyòng tài duō rén, lái sān ge jiù gòu le.	あまりたくさんの人は必要ありません、3人来れば充分です。
桌子太大，我够不到那边的菜。 Zhuōzi tài dà, wǒ gòubudào nàbiān de cài.	テーブルが広すぎて、あそこにある料理に届きません。

047

277	**购物** gòuwù	動 買い物をする
278	**估计** gūjì	動 推量する、見積もる
279	**鼓励** gǔlì	動 励ます
280	**挂** guà	動 掛ける
281	**管理** guǎnlǐ	動 管理する
282	**逛** guàng	動 ぶらぶらする、散歩する

附近有一个大型购物中心。 Fùjìn yǒu yí ge dàxíng gòuwù zhōngxīn.	付近に大型ショッピングセンターが一軒あります。
下午谁跟我一起上街购物? Xiàwǔ shéi gēn wǒ yìqǐ shàng jiē gòuwù?	午後誰か私といっしょに街へ買い物に行きませんか？
我估计他不会来了。 Wǒ gūjì tā bú huì lái le.	私はおそらく彼はもう来ないと思います。
那天来的人很多，估计得有 100 个吧。 Nà tiān lái de rén hěn duō, gūjì děi yǒu yìbǎi ge ba.	あの日は来た人がとても多く、恐らく100人ぐらいいたでしょう。
那天老师说了很多鼓励我们的话。 Nà tiān lǎoshī shuōle hěn duō gǔlì wǒmen de huà.	あの日先生は私たちを励ます話をたくさんしてくれました。
他微笑着鼓励我说：“你会成功的。” Tā wēixiàozhe gǔlì wǒ shuō:“Nǐ huì chénggōng de.”	彼は微笑みながら「あなたはきっと成功する」と私を励ましてくれました。
墙上挂着一幅画。 Qiáng shang guàzhe yì fú huà.	壁に１枚の絵が掛けてあります。
不穿的衣服挂到柜子里吧。 Bù chuān de yīfu guàdào guìzi li ba.	着ない服はクローゼットに掛けましょう。
他管理着三家大公司，平时很忙。 Tā guǎnlǐzhe sān jiā dà gōngsī, píngshí hěn máng.	彼は３つの大会社を管理していて、ふだんはとても忙しいです。
他很小就学会了自己管理自己。 Tā hěn xiǎo jiù xuéhuìle zìjǐ guǎnlǐ zìjǐ.	彼は小さいときから自分で自分を管理することを学んでいました。
下午我们一起去逛街吧。 Xiàwǔ wǒmen yìqǐ qù guàngjiē ba.	午後私たちはいっしょに街をぶらぶらしましょう。
周末时，我喜欢一个人在大街上闲逛。 Zhōumò shí, wǒ xǐhuan yí ge rén zài dàjiē shang xiánguàng.	週末、私は１人で大通りをぶらぶらするのが好きです。

No.	中国語	意味
283	后悔 hòuhuǐ	動 後悔する
284	怀疑 huáiyí	動 疑う
285	回忆 huíyì	動 思い出す、思い返す
286	活动 huódòng	動 運動する、活動する　名 活動
287	获得 huòdé	動 獲得する
288	积累 jīlěi	動 蓄積する

他把房子卖了，现在很后悔。 Tā bǎ fángzi mài le, xiànzài hěn hòuhuǐ.	彼は家を売って、現在とても後悔しています。
我后悔死了，要是当时一起去就好了。 Wǒ hòuhuǐsǐ le, yàoshi dāngshí yìqǐ qù jiù hǎo le.	私はとても後悔しています、もしあのとき一緒に行っていればよかった。
我怀疑他说的不是真的。 Wǒ huáiyí tā shuō de bú shì zhēn de.	私は彼の言うことは本当ではないと疑っています。
事实证明，你怀疑错了。 Shìshí zhèngmíng, nǐ huáiyícuò le.	あなたが誤って疑っていたことを、事実が証明しています。
我常常回忆在北京的生活。 Wǒ chángcháng huíyì zài Běijīng de shēnghuó.	私はいつも北京での生活を思い出しています。
很多事我已经回忆不起来了。 Hěn duō shì wǒ yǐjīng huíyìbuqǐlai le.	多くのことを私はすでに思い出せなくなりました。
老人们每天都在操场活动。 Lǎorénmen měitiān dōu zài cāochǎng huódòng.	お年寄りたちは毎日運動場で活動しています。
明天下午文学小组照常活动。 Míngtiān xiàwǔ wénxué xiǎozǔ zhàocháng huódòng.	明日の午後、文学グループはいつもどおり活動します。
这次比赛我们获得了第一名。 Zhè cì bǐsài wǒmen huòdéle dì yī míng.	この試合で私たちは第1位を獲得しました。
这位教授曾获得过国家最高奖励。 Zhè wèi jiàoshòu céng huòdéguo guójiā zuìgāo jiǎnglì.	この教授はかつて国家最高表彰を獲得したことがあります。
他的经验是在生活中积累起来的。 Tā de jīngyàn shì zài shēnghuó zhōng jīlěiqǐlai de.	彼の経験は生活の中で蓄積されてきたものです。
知识积累到一定程度，你就可以解决这个问题。 Zhīshi jīlěidào yídìng chéngdù, nǐ jiù kěyǐ jiějué zhège wèntí.	知識をある程度蓄積すれば、すぐにこの問題を解決できます。

049

289	寄 jì	動 送る、郵送する
290	计划 jìhuà	動 計画する　名 計画
291	继续 jìxù	動 続ける、継続する
292	加班 jiā//bān	動 残業する
293	坚持 jiānchí	動 やり抜く、頑張り抜く
294	减肥 jiǎn//féi	動 ダイエットする

他每个月给家里寄一封信。 Tā měi ge yuè gěi jiāli jì yì fēng xìn.	彼は毎月手紙を1通、家に送っています。
学校会把录取通知书寄给你。 Xuéxiào huì bǎ lùqǔ tōngzhīshū jìgěi nǐ.	学校は合格通知書をあなたに送るでしょう。
我原来计划得很好，但后来什么也没做。 Wǒ yuánlái jìhuàde hěn hǎo, dàn hòulái shénme yě méi zuò.	私はもともとちゃんと計画していましたが、後は何もしませんでした。
我在写一个产品推广的计划。 Wǒ zài xiě yí ge chǎnpǐn tuīguǎng de jìhuà.	私はある製品を普及させる計画を書いています。
刚才打断你了，你继续吧。 Gāngcái dǎduàn nǐ le, nǐ jìxù ba.	さっきあなたを遮ってしまいましたが、続けてください。
虽然下雨了，但比赛还在继续着。 Suīrán xià yǔ le, dàn bǐsài hái zài jìxùzhe.	雨が降り出しても、試合はまだ継続されました。
他工作很努力，经常加班。 Tā gōngzuò hěn nǔlì, jīngcháng jiābān.	彼は熱心に仕事をしていて、いつも残業しています。
昨天我加了三个小时班，才写完这个报告。 Zuótiān wǒ jiāle sān ge xiǎoshí bān, cái xiěwán zhège bàogào.	昨日私は3時間残業して、この報告をやっと書き終わりました。
他天天坚持运动，所以身体很好。 Tā tiāntiān jiānchí yùndòng, suǒyǐ shēntǐ hěn hǎo.	彼は毎日運動をしっかり続けているので、体の調子がよいのです。
虽然大家都反对，但他坚持自己的看法。 Suīrán dàjiā dōu fǎnduì, dàn tā jiānchí zìjǐ de kànfǎ.	みんなが反対していても、彼は自分の考えを変えませんでした。
她正在减肥，不敢吃东西。 Tā zhèngzài jiǎnféi, bù gǎn chī dōngxi.	彼女はダイエットしていて、あまり食べたがりません。
听说喝这种茶可以减肥。 Tīngshuō hē zhè zhǒng chá kěyǐ jiǎnféi.	このお茶を飲むと痩せられるそうです。

295	减少 jiǎnshǎo	動 減少する
296	建议 jiànyì	動 提案する　名 提案
297	降低 jiàngdī	動 低下する、下落する
298	降落 jiàngluò	動 降下する
299	交 jiāo	動 渡す、(お金を) 払う、任せる、友達になる
300	交流 jiāoliú	動 交流する

快放假了，来上课的学生明显减少了。 Kuài fàngjià le, lái shàngkè de xuésheng míngxiǎn jiǎnshǎo le.	まもなく休みになります、授業に出席する学生が明らかに減少しました。
经常运动，就可以减少疾病的发生。 Jīngcháng yùndòng, jiù kěyǐ jiǎnshǎo jíbìng de fāshēng.	いつも運動をしていれば、病気になることを減らせます。
我们建议经理改变这个计划。 Wǒmen jiànyì jīnglǐ gǎibiàn zhège jìhuà.	私たちは社長にこの計画を変更することを提案します。
他提的建议很有道理。 Tā tí de jiànyì hěn yǒu dàolǐ.	彼が出した提案は道理にかなっています。
我一年没说汉语，感觉水平降低了。 Wǒ yì nián méi shuō Hànyǔ, gǎnjué shuǐpíng jiàngdī le.	私は1年間中国語を話していないので、レベルが低下したと感じています。
这两天气温又降低了不少。 Zhè liǎng tiān qìwēn yòu jiàngdīle bù shǎo.	この2日、気温がまたかなり低下しました。
飞机即将降落，请大家系好安全带。 Fēijī jíjiāng jiàngluò, qǐng dàjiā jìhǎo ānquándài.	飛行機はまもなく降下します。みなさま、シートベルトをお締めください。
我们的航班已经降落到地面了。 Wǒmen de hángbān yǐjīng jiàngluòdào dìmiàn le.	私たちの便はすでに着陸しました。
把钱交给我就行了。 Bǎ qián jiāogěi wǒ jiù xíng le.	お金は私に払ってくれればいいです。
这件事情交给你去办，我很放心。 Zhè jiàn shìqing jiāogěi nǐ qù bàn, wǒ hěn fàngxīn.	このことをあなたにやってもらって、私は安心です。
老师们经常在一起交流教学经验。 Lǎoshīmen jīngcháng zài yìqǐ jiāoliú jiàoxué jīngyàn.	先生たちはよくいっしょに教育経験を話し合っています。
聊天儿是交流思想的好方法。 Liáotiānr shì jiāoliú sīxiǎng de hǎo fāngfǎ.	おしゃべりは考えをやりとりするいい方法です。

301

教育
jiàoyù

動 教育する　名 教育

302

接受
jiēshòu

動 受け取る、受け入れる

303

节约
jiéyuē

動 節約する

304

解释
jiěshì

動 説明する　名 説明、解釈

305

进行
jìnxíng

動 行う、進行する

306

禁止
jìnzhǐ

動 禁止する

我们要教育青少年，让他们懂得节约。 Wǒmen yào jiàoyù qīngshàonián, ràng tāmen dǒngde jiéyuē.	私たちは青少年を教育して、彼らに節約を理解させる必要があります。
父亲在教育行业工作了 30 年。 Fùqin zài jiàoyù hángyè gōngzuòle sānshí nián.	父は教育業界で30年働いていました。
他接受了我们的礼物。 Tā jiēshòule wǒmen de lǐwù.	彼は私たちのプレゼントを受け取りました。
你的意见和看法我很难接受。 Nǐ de yìjiàn hé kànfǎ wǒ hěn nán jiēshòu.	あなたの意見と考えは私には受け入れがたいです。
坐飞机可以节约时间。 Zuò fēijī kěyǐ jiéyuē shíjiān.	飛行機に乗ると時間を節約できます。
这项技术给工厂节约了大量成本。 Zhè xiàng jìshù gěi gōngchǎng jiéyuēle dàliàng chéngběn.	この技術は工場に大量のコストを節約させます。
老师一解释，学生们就都明白了。 Lǎoshī yì jiěshì, xuéshengmen jiù dōu míngbai le.	先生がいったん説明すると、学生たちはすぐにみんな理解しました。
我们不能相信他关于这件事的解释。 Wǒmen bù néng xiāngxìn tā guānyú zhè jiàn shì de jiěshì.	私たちはこの件についての彼の説明を信じることはできません。
比赛正在进行，结果很难预料。 Bǐsài zhèngzài jìnxíng, jiéguǒ hěn nán yùliào.	試合は今まさに進行中で、結果はとても予想しにくいです。
关于这个问题，我们进行过几次讨论。 Guānyú zhège wèntí, wǒmen jìnxíngguo jǐ cì tǎolùn.	この問題に関して、私たちは数回の討論を行いました。
公共场所禁止吸烟。 Gōnggòng chǎngsuǒ jìnzhǐ xīyān.	公共の場所では喫煙は禁止されています。
这部电影已经禁止播出了。 Zhè bù diànyǐng yǐjīng jìnzhǐ bōchū le.	この映画はすでに放映が禁止されています。

307	竞争 jìngzhēng	動 競争する
308	举 jǔ	動 (ものや杯などを) 挙げる
309	举办 jǔbàn	動 行う、開催する
310	拒绝 jùjué	動 断る、拒絶する
311	举行 jǔxíng	動 挙行する、行う
312	考虑 kǎolǜ	動 考える、考慮する

企业都在竞争市场，有了市场才有效益。 Qǐyè dōu zài jìngzhēng shìchǎng, yǒule shìchǎng cái yǒu xiàoyì.	企業は全て市場を争っていて、市場がなければ利益はありません。
名额只有一个，大家只能通过竞争得到。 Míng'é zhǐ yǒu yí ge, dàjiā zhǐ néng tōngguò jìngzhēng dédào.	定員枠はたった1つで、みんな競争でしか得られません。
他力气很大，能举起这块石头。 Tā lìqi hěn dà, néng jǔqǐ zhè kuài shítou.	彼の力はとても強く、この石を持ち上げられます。
我们一起举杯，庆祝成功。 Wǒmen yìqǐ jǔ bēi, qìngzhù chénggōng.	私たちは一緒に杯を上げ、成功を祝しましょう。
我们每年都要举办一次运动会。 Wǒmen měinián dōu yào jǔbàn yí cì yùndònghuì.	私たちは毎年1回運動会を行います。
文学院经常举办各类讲座。 Wénxuéyuàn jīngcháng jǔbàn gè lèi jiǎngzuò.	文学部はいつも各種の講座を行っています。
我想请她吃饭，她拒绝了。 Wǒ xiǎng qǐng tā chī fàn, tā jùjué le.	私は彼女をご飯に誘いましたが、彼女は断りました。
他拒绝接受这种不公平的条件。 Tā jùjué jiēshòu zhè zhǒng bù gōngpíng de tiáojiàn.	彼はこのような不公平な条件を受け入れることを拒絶しました。
我打算举行一个生日晚会。 Wǒ dǎsuàn jǔxíng yí ge shēngrì wǎnhuì.	私は誕生日パーティーを開くつもりです。
我们学校已经举行过多次这种会议了。 Wǒmen xuéxiào yǐjīng jǔxíngguo duō cì zhè zhǒng huìyì le.	私たちの学校はすでにこのような会議を数多く開いたことがあります。
我已经考虑好了，毕业后就去中国留学。 Wǒ yǐjīng kǎolǜhǎo le, bìyè hòu jiù qù Zhōngguó liúxué.	私はすでにしっかり考えていて、卒業後すぐ中国に留学します。
经过反复考虑，他决定继续读书。 Jīngguò fǎnfù kǎolǜ, tā juédìng jìxù dúshū.	繰り返し考えて、彼は勉強を続けることに決めました。

053

313

咳嗽

késou

動 咳をする

314

拉

lā

動 引く、引っぱる、送る

315

来不及

láibují

動 間に合わない

316

来得及

láidejí

動 間に合う

317

来自

láizì

動 ～から来る

318

浪费

làngfèi

動 浪費する

她感冒了，不停地咳嗽。 Tā gǎnmào le, bùtíngde késou.	彼女は風邪をひき、しきりに咳をしています。
他忍不住咳嗽了几声。 Tā rěnbuzhù késoule jǐ shēng.	彼はがまんできず数回咳をしました。
你把椅子拉过来一点儿。 Nǐ bǎ yǐzi lāguòlai yìdiǎnr.	あなたは椅子を少し引いてきてください。
你把我拉到火车站吧。 Nǐ bǎ wǒ lādào huǒchēzhàn ba.	あなたが私を駅へ送って行ってください。
火车有十分钟就开了，现在出发来不及了。 Huǒchē yǒu shí fēnzhōng jiù kāi le, xiànzài chūfā láibují le.	電車はあと10分で出るので、今出発しても間に合いません。
我起得太晚了，早饭都来不及吃了。 Wǒ qǐde tài wǎn le, zǎofàn dōu láibují chī le.	私は起きるのがとても遅く、朝ごはんを食べるのにも間に合いませんでした。
抓紧时间，现在去火车站还来得及。 Zhuājǐn shíjiān, xiànzài qù huǒchēzhàn hái láidejí.	時間をむだにせず、今駅に行けばまだ間に合います。
如果来得及，你就来办公室一趟吧。 Rúguǒ láidejí, nǐ jiù lái bàngōngshì yí tàng ba.	もし間に合えば、ちょっと事務所に来てください。
我们班的同学来自世界各个国家。 Wǒmen bān de tóngxué láizì shìjiè gègè guójiā.	私たちのクラスの同級生は世界各国から来ています。
他的乐观来自他的自信。 Tā de lèguān láizì tā de zìxìn.	彼の楽観は彼の自信から来ています。
他觉得买这么贵的东西是浪费钱财。 Tā juéde mǎi zhème guì de dōngxi shì làngfèi qiáncái.	彼はこんな高いものを買うのは金銭の浪費だと思っています。
我要好好儿努力，不想浪费宝贵的时间。 Wǒ yào hǎohāor nǔlì, bù xiǎng làngfèi bǎoguì de shíjiān.	私はちゃんと努力しなければならず、貴重な時間を浪費したくありません。

319	**理发** lǐ//fà	動 髪を切る、散髪する
320	**理解** lǐjiě	動 理解する
321	**例如** lìrú	動 例えば ⚠ 例文では接続詞として使用されていますが、公式シラバスに従い、動詞として表示しています
322	**联系** liánxì	動 連絡する　名 連絡、関係
323	**留** liú	動 残る、留まる
324	**流行** liúxíng	動 流行する　形 流行した

我头发长了，该理发了。 Wǒ tóufa cháng le, gāi lǐfà le.	髪が伸びてきたので、散髪しなければなりません。
这位理发师理发理得很不错。 Zhè wèi lǐfàshī lǐfà lǐde hěn búcuò.	この理容師の散髪はなかなかいいです。
我能理解这句话的意思。 Wǒ néng lǐjiě zhè jù huà de yìsi.	私はこの言葉の意味を理解できます。
如果你理解了，也就容易记住了。 Rúguǒ nǐ lǐjiě le, yě jiù róngyì jìzhù le.	もしあなたが理解すれば、簡単に覚えられます。
我喜欢中国文化，例如茶文化、酒文化等。 Wǒ xǐhuan Zhōngguó wénhuà, lìrú chá wénhuà, jiǔ wénhuà děng.	私は中国文化が好きです、例えば茶文化や酒文化などです。
这些题都很难，例如第八题就没人会做。 Zhèxiē tí dōu hěn nán, lìrú dì bā tí jiù méi rén huì zuò.	これらの問題は難しく、例えば第8問はだれもできませんでした。
我已经跟王老师联系了，他明天有时间。 Wǒ yǐjīng gēn Wáng lǎoshī liánxì le, tā míngtiān yǒu shíjiān.	私はすでに王先生と連絡をとりました、先生は明日時間があるそうです。
毕业之后，我们就没有联系了。 Bìyè zhīhòu, wǒmen jiù méiyǒu liánxì le.	卒業後、私たちは連絡を取らなくなりました。
他毕业以后留在学校工作了。 Tā bìyè yǐhòu liúzài xuéxiào gōngzuò le.	彼は卒業後学校に残って働いていました。
他留着很多小时候的照片。 Tā liúzhe hěn duō xiǎo shíhou de zhàopiàn.	彼は小さいころの写真をたくさん残しています。
这首歌曲很快就流行起来了。 Zhè shǒu gēqǔ hěn kuài jiù liúxíngqǐlai le.	この曲はすぐに流行し始めました。
这是现在最流行的说法。 Zhè shì xiànzài zuì liúxíng de shuōfǎ.	これが現在最も流行している言い方です。

325	**旅行** lǚxíng	動 旅行する
326	**迷路** mílù	動 道に迷う、迷子になる
327	**免费** miǎn//fèi	動 無料にする ↔ 收费 shōu//fèi 料金を取る
328	**弄** nòng	動 する、やる
329	**排队** pái//duì	動 列に並ぶ
330	**排列** páiliè	動 配列する

这次旅行，连饭钱带路费，一共花了3200元。 Zhè cì lǚxíng, lián fànqián dài lùfèi, yígòng huāle sānqiān'èrbǎi yuán.	今回の旅行は、食費と交通費込みで、合わせて3200元でした。
能说说你的旅行计划吗？ Néng shuōshuo nǐ de lǚxíng jìhuà ma?	あなたの旅行計画をちょっと話してもらえますか？
我很容易迷路，所以不想学开车。 Wǒ hěn róngyì mílù, suǒyǐ bù xiǎng xué kāichē.	私は道に迷いやすいので、運転を習いたくありません。
我经常去那里，迷不了路的。 Wǒ jīngcháng qù nàli, míbuliǎo lù de.	私はよくあそこに行くので、道に迷うはずがありません。
以后你到我这儿理发就免费了。 Yǐhòu nǐ dào wǒ zhèr lǐfà jiù miǎnfèi le.	今後あなたが私のところで散髪するときは無料になります。
他们给我免了一年的费。 Tāmen gěi wǒ miǎnle yì nián de fèi.	彼らは1年間支払いを免除してくれました。
你在弄什么啊？这么大声音。 Nǐ zài nòng shénme a? Zhème dà shēngyīn.	何をしているのですか？　そんなに大きな音を立てて。
你帮我弄点儿热水来吧。 Nǐ bāng wǒ nòng diǎnr rèshuǐ lái ba.	ちょっとお湯を持ってきてください。
在公共汽车站，大家都自觉排队。 Zài gōnggòng qìchē zhàn, dàjiā dōu zìjué páiduì.	バス停でみな自主的に列になって並んでいます。
后边排队的人不要挤。 Hòubian páiduì de rén búyào jǐ.	後ろに並んでいる人たちは押してはいけません。
他们在忙着排列卡片。 Tāmen zài mángzhe páiliè kǎpiàn.	彼らはカードを並べるのに忙しいです。
各类图书整齐地排列着。 Gè lèi túshū zhěngqíde páilièzhe.	いろんな本がきれいに並べてあります。

331	**判断** pànduàn	動 判断する　名 判断
332	**陪** péi	動 付き添う
333	**批评** pīpíng	動 しかる、批判する、批評する
334	**骗** piàn	動 騙す
335	**敲** qiāo	動 叩く
336	**取** qǔ	動 取る

迷路时，我们可以根据太阳的位置判断方向。 Mílù shí, wǒmen kěyǐ gēnjù tàiyáng de wèizhì pànduàn fāngxiàng.	道に迷ったときは、太陽の位置で方向の判断ができます。
这个判断如果是错误的，我们将面临很大麻烦。 Zhège pànduàn rúguǒ shì cuòwù de, wǒmen jiāng miànlín hěn dà máfan.	この判断はもし間違ったら、私たちは大変な面倒に遭いますよ。
我下午没时间，得陪一个朋友。 Wǒ xiàwǔ méi shíjiān, děi péi yí ge péngyou.	午後は空いていません、友人に付き合わないといけないので。
你陪我一起去逛街，好不好？ Nǐ péi wǒ yìqǐ qù guàngjiē, hǎo bu hǎo?	私と一緒に街をぶらぶらしませんか。
爸爸批评了孩子的撒谎行为。 Bàba pīpíngle háizi de sāhuǎng xíngwéi.	お父さんは子供が嘘をついたことを怒った。
你批评得很对，以后我一定改正。 Nǐ pīpíngde hěn duì, yǐhòu wǒ yídìng gǎizhèng.	ご批判いただいたことは正しいです、今後必ず改めます。
你别骗人了，我们都不会相信你的话。 Nǐ bié piàn rén le, wǒmen dōu bú huì xiāngxìn nǐ de huà.	人を騙さないでください、私たちはみんなあなたの言うことを信じません。
我太相信他们了，结果受了骗。 Wǒ tài xiāngxìn tāmen le, jiéguǒ shòule piàn.	私は彼らを信用しすぎて、結局騙された。
我敲了半天门，也没人答应。 Wǒ qiāole bàntiān mén, yě méi rén dāying.	長いことドアをノックし続けましたが、反応はありませんでした。
他拿起西瓜敲一敲，就知道好坏。 Tā náqǐ xīguā qiāo yi qiāo, jiù zhīdao hǎohuài.	彼はスイカをちょっと叩くだけで、美味しいかどうかが分かります。
我下午要到银行取钱。 Wǒ xiàwǔ yào dào yínháng qǔ qián.	午後、銀行にお金を下ろしに行かなければなりません。
我们这次考试只取前三名。 Wǒmen zhè cì kǎoshì zhǐ qǔ qián sān míng.	私たちは今回の試験の上位3名だけを採用します。

No.	単語	意味
337	**缺少** quēshǎo	動 欠く、足りない
338	**扔** rēng	動 投げる、投げ捨てる
339	**散步** sàn//bù	動 散歩する
340	**商量** shāngliang	動 協議する、相談する
341	**申请** shēnqǐng	動 申請する　名 申込、申請
342	**剩** shèng	動 余る

这个客厅还缺少一个沙发。 Zhège kètīng hái quēshǎo yí ge shāfā.	このリビングルームにはまだソファが1つ足りない。
空气和水是人类不可缺少的两样东西。 Kōngqì hé shuǐ shì rénlèi bùkě quēshǎo de liǎng yàng dōngxi.	空気と水は人類に欠かせない2つのものです。
他把球扔给了弟弟。 Tā bǎ qiú rēnggěile dìdi.	彼はボールを弟に投げました。
我把那些坏苹果扔到垃圾桶里了。 Wǒ bǎ nàxiē huài píngguǒ rēngdào lājītǒng li le.	私はあれらの腐ったリンゴをゴミ箱に捨てました。
他每天吃完晚饭后都要在校园里散步。 Tā měitiān chīwán wǎnfàn hòu dōu yào zài xiàoyuán li sànbù.	彼は毎日夕飯を食べた後、校内を散歩します。
我刚才出去散了一会儿步。 Wǒ gāngcái chūqu sànle yíhuìr bù.	さっきちょっと散歩に出かけました。
我们商量一个解决办法吧。 Wǒmen shāngliang yí ge jiějué bànfǎ ba.	解決方法を検討しましょう。
你们先商量商量，不着急做决定。 Nǐmen xiān shāngliangshāngliang, bù zháojí zuò juédìng.	あなた方はまず検討してください、結論は急がなくて結構です。
我申请到了中国政府奖学金。 Wǒ shēnqǐngdàole Zhōngguó zhèngfǔ jiǎngxuéjīn.	中国政府の奨学金を申請しました。
你的申请被批准了。 Nǐ de shēnqǐng bèi pīzhǔn le.	お申込みは承認されました。
我的钱包里就剩下十块钱了。 Wǒ de qiánbāo li jiù shèngxià shí kuài qián le.	私の財布の中には10元しか残っていません。
还剩十分钟，请大家抓紧时间。 Hái shèng shí fēnzhōng, qǐng dàjiā zhuājǐn shíjiān.	残り10分です、みなさん、急いでください。

343	**失敗** shībài	動 失敗する
344	**使** shǐ	動（人に）~させる
345	**使用** shǐyòng	動 使用する
346	**适合** shìhé	動 ぴったり合う、ふさわしい
347	**适应** shìyìng	動 適応する、慣れる
348	**收** shōu	動 収める、受けとる

他虽然失败了，可没有泄气。 Tā suīrán shībài le, kě méiyǒu xièqì.	彼は失敗しましたが、でも落ち込んではいません。
我经历过很多失败，才有了今天的成功。 Wǒ jīnglìguo hěn duō shībài, cái yǒule jīntiān de chénggōng.	私はたくさんの失敗を経験したからこそ、今日の成功があります。
他们的服务使大家很满意。 Tāmen de fúwù shǐ dàjiā hěn mǎnyì.	彼らのサービスは皆を満足させました。
跳舞能使人感到快乐，所以我很喜欢。 Tiàowǔ néng shǐ rén gǎndào kuàilè, suǒyǐ wǒ hěn xǐhuan.	ダンスは楽しくなるので、私は大好きです。
上课的时候，请不要使用手机。 Shàngkè de shíhou, qǐng búyào shǐyòng shǒujī.	授業中に、携帯を使用しないでください。
电梯坏了，现在禁止使用。 Diàntī huài le, xiànzài jìnzhǐ shǐyòng.	エレベーターが故障して、今使用禁止です。
这件衣服很适合你。 Zhè jiàn yīfu hěn shìhé nǐ.	この服はあなたにとても似合っています。
这个城市被评为了最适合人类居住的地方。 Zhège chéngshì bèi píngwéile zuì shìhé rénlèi jūzhù de dìfang.	この町はもっとも住みやすいところに選ばれました。
我还没适应北京的气候。 Wǒ hái méi shìyìng Běijīng de qìhòu.	私は北京の気候にまだ慣れていません。
他的适应能力很强，到哪儿都没问题。 Tā de shìyìng nénglì hěn qiáng, dào nǎr dōu méi wèntí.	彼の順応力は優れているので、どこに行っても大丈夫です。
他把衣服都收到柜子里了。 Tā bǎ yīfu dōu shōudào guìzi li le.	彼は服を全部タンスに片づけました。
我昨天收到了他好几封邮件。 Wǒ zuótiān shōudàole tā hǎo jǐ fēng yóujiàn.	昨日彼からのメールを何通も受け取りました。

059

No.	単語	ピンイン	意味
349	收拾	shōushi	動 片付ける
350	受到	shòudào	動 受ける
351	输	shū	動 負ける
352	熟悉	shúxi	動 熟知する、よく知っている
353	死	sǐ	動 死ぬ　形 動かない、かたくなな
354	抬	tái	動 持ち上げる

我明天回国，这两天在收拾东西。 Wǒ míngtiān huí guó, zhè liǎng tiān zài shōushi dōngxi.	明日帰国します。この2日間、荷物を片づけています。
你这房间该收拾一下了。 Nǐ zhè fángjiān gāi shōushi yíxià le.	あなたはこの部屋を少し片付けるべきです。
这次失败使他受到巨大的打击。 Zhè cì shībài shǐ tā shòudào jùdà de dǎjī.	今回の失敗は彼に大きな打撃を与えた。
我们要尽量避免使他再次受到伤害。 Wǒmen yào jǐnliàng bìmiǎn shǐ tā zàicì shòudào shānghài.	私たちはできるだけ彼を再び傷つけないようにしましょう。
这场比赛我们输了。 Zhè chǎng bǐsài wǒmen shūle.	今回の試合で私たちは負けました。
跟他们比赛，我们从来没输过。 Gēn tāmen bǐsài, wǒmen cónglái méi shūguo.	彼らと試合して、我々は一度も負けたことはない。
我们互相已经熟悉了，不用介绍了。 Wǒmen hùxiāng yǐjīng shúxi le, búyòng jièshào le.	私たちはお互いもうよく知っているので、紹介の必要はありません。
你刚来，要尽快熟悉环境。 Nǐ gāng lái, yào jǐnkuài shúxi huánjìng.	あなたは来たばかりですから、できるだけ早く環境に慣れてください。
这棵树死不了，浇点儿水就可以了。 Zhè kē shù sǐbuliǎo, jiāo diǎnr shuǐ jiù kěyǐ le.	この木は枯れません、ちょっと水をやればいいです。
今天 40 度，热死我了。 Jīntiān sìshí dù, rèsǐ wǒ le.	今日は40度もあって、死にそうなほど暑いです。
他一直抬着头看我。 Tā yìzhí táizhe tóu kàn wǒ.	彼はずっと頭をあげて私を見つめていました。
他们把那张桌子抬走了。 Tāmen bǎ nà zhāng zhuōzi táizǒu le.	彼らはあのテーブルを運んでいきました。

Track 060

355	谈 tán	動 話す
356	躺 tǎng	動 横になる
357	讨论 tǎolùn	動 議論する、討論する
358	提 tí	動 持つ、上げる、とりあげる
359	提供 tígōng	動 提供する
360	提前 tíqián	動 くり上げる、前倒しする

他俩昨晚谈了很长时间。 Tāliǎ zuówǎn tánle hěn cháng shíjiān.	彼ら2人は昨晩長いこと話をしていた。
关于出国的事，我还没跟父母谈。 Guānyú chūguó de shì, wǒ hái méi gēn fùmǔ tán.	外国に行くことについて、私はまだ両親に話していません。
他生病了，在床上躺了一天。 Tā shēngbìng le, zài chuáng shang tǎngle yì tiān.	彼は病気にかかって、一日中ベッドで寝込んでいました。
我刚躺下，就有人打电话过来了。 Wǒ gāng tǎngxià, jiù yǒu rén dǎ diànhuà guòlai le.	横になったばかりのところに、電話がかかってきました。
这个计划已经讨论过很多次了。 Zhège jìhuà yǐjīng tǎolùnguo hěn duō cì le.	この計画はすでに何度も検討しました。
我们已经讨论完了，意见也都统一了。 Wǒmen yǐjīng tǎolùnwán le, yìjiàn yě dōu tǒngyī le.	我々はすでに議論を終えて、意見も1つにまとまりました。
我帮你提这些塑料袋吧。 Wǒ bāng nǐ tí zhèxiē sùliàodài ba.	これらのビニール袋をお持ちしましょう。
提到这个问题，我想多说几句。 Tídào zhège wèntí, wǒ xiǎng duō shuō jǐ jù.	この問題の話になったら、私はもう少し話したいことがあります。
他们给残疾人提供了很多方便。 Tāmen gěi cánjírén tígōngle hěn duō fāngbiàn.	彼らは障害者に多くの便宜をはかっています。
这些消息提供得很及时。 Zhèxiē xiāoxi tígōngde hěn jíshí.	これらの情報はちょうどよいときに提供されました。
请大家注意，开会时间提前了。 Qǐng dàjiā zhùyì, kāihuì shíjiān tíqián le.	皆さんご注意ください、会議の時間が繰り上げられました。
他每天都提前半个小时来到学校。 Tā měitiān dōu tíqián bàn ge xiǎoshí láidào xuéxiào.	彼は毎日30分早めに学校に着きます。

No.	単語	意味
361	提醒 tí//xǐng	動 指摘する、気づかせる
362	填空 tiánkòng	動 空いた部分を埋める
363	停 tíng	動 止める、止まる
364	通知 tōngzhī	動 通知する　名 通知
365	同情 tóngqíng	動 同情する、共感する
366	推 tuī	動 押す

我提醒大家，在上山的时候要注意安全。 Wǒ tíxǐng dàjiā, zài shàngshān de shíhou yào zhùyì ānquán.	皆さんにご注意です。登山のときは安全に気をつけてください。
如果不是他提醒我，我肯定忘了今天的作业。 Rúguǒ bú shì tā tíxǐng wǒ, wǒ kěndìng wàngle jīntiān de zuòyè.	彼の注意がなかったら、私は今日の宿題を忘れたに違いありません。
这道题是请大家根据课文内容填空。 Zhè dào tí shì qǐng dàjiā gēnjù kèwén nèiróng tiánkòng.	この問題はテキストの内容に基づいて、空白を埋めてください。
这次考试全是填空题。 Zhè cì kǎoshì quán shì tiánkòngtí.	今回のテストはすべて穴埋め問題でした。
演员们幽默的表演让观众笑个不停。 Yǎnyuánmen yōumò de biǎoyǎn ràng guānzhòng xiàoge bù tíng.	役者たちのおかしな演技で、観客はひっきりなしに笑い続けた。
司机及时停车，才避免了一起交通事故。 Sījī jíshí tíngchē, cái bìmiǎnle yì qǐ jiāotōng shìgù.	運転手はすぐさま停車して、なんとか交通事故になるのを避けました。
我已经通知了所有人。 Wǒ yǐjīng tōngzhīle suǒyǒu rén.	私はすでにすべての人に知らせました。
我们刚刚接到一个通知，明天的会议取消了。 Wǒmen gānggāng jiēdào yí ge tōngzhī, míngtiān de huìyì qǔxiāo le.	たった今情報が入り、明日の会議は取り止めになりました。
这孩子父母死得早，大家都很同情他。 Zhè háizi fùmǔ sǐde zǎo, dàjiā dōu hěn tóngqíng tā.	この子は両親を早くに亡くしたので、みんなに同情されている。
我不会同情她，因为她夺走了别人的爱。 Wǒ bú huì tóngqíng tā, yīnwèi tā duózǒule biérén de ài.	私は彼女に同情しません。人の愛を奪ったからです。
他推着自行车，我们一边走一边说话。 Tā tuīzhe zìxíngchē, wǒmen yìbiān zǒu yìbiān shuōhuà.	彼は自転車を押して、私たちは歩きながら話しました。
我推门进去，里边什么都没有。 Wǒ tuī mén jìnqu, lǐbian shénme dōu méiyǒu.	扉を押し入ると、中には何もありませんでした。

367	推迟 tuīchí	動 遅らせる
368	脱 tuō	動 脱ぐ、脱する、抜ける
369	污染 wūrǎn	動 汚す、汚染する
370	无 wú	動 ～ない
371	吸引 xīyǐn	動 引きつける
372	羡慕 xiànmù	動 うらやむ

比赛日期已经推迟过两次了。 Bǐsài rìqī yǐjīng tuīchíguo liǎng cì le.	試合の日にちはすでに2回延期されました。
别再推迟了，我们都等不及了。 Bié zài tuīchí le, wǒmen dōu děngbují le.	これ以上先に延ばさないでください。私たちはもう待てません。
你觉得热，就把大衣脱了吧。 Nǐ juéde rè, jiù bǎ dàyī tuō le ba.	暑いと思ったら、コートを脱いでください。
这种洗发水可以有效地防脱发。 Zhè zhǒng xǐfàshuǐ kěyǐ yǒuxiàode fáng tuōfà.	このシャンプーは抜け毛予防に効果があります。
有害气体正在污染这里的空气。 Yǒuhài qìtǐ zhèngzài wūrǎn zhèli de kōngqì.	有害な気体がここの空気を汚染しつつあります。
这条河的河水被污染很长时间了。 Zhè tiáo hé de héshuǐ bèi wūrǎn hěn cháng shíjiān le.	この川は長い間汚染されていました。
不要相信这些无根据的话。 Búyào xiāngxìn zhèxiē wú gēnjù de huà.	根も葉もない話を信じないでください。
他进去一看，房间里并无一人。 Tā jìnqu yí kàn, fángjiān li bìng wú yì rén.	彼が入ってみると、部屋の中に誰もいません。
她的打扮吸引了很多人的注意。 Tā de dǎbàn xīyǐnle hěn duō rén de zhùyì.	彼女の格好は多くの人の注意を引きつけました。
这里的名胜古迹吸引了很多中外游客。 Zhèli de míngshèng gǔjì xīyǐnle hěnduō zhōngwài yóukè.	ここの名所旧跡は国内外から来た観光客を大勢引きつけました。
我羡慕他能说一口流利的汉语。 Wǒ xiànmù tā néng shuō yì kǒu liúlì de Hànyǔ.	私は彼が流暢な中国語を話せることがうらやましいです。
他钢琴弹得特别好，很让人羡慕。 Tā gāngqín tánde tèbié hǎo, hěn ràng rén xiànmù.	彼はピアノが上手で、本当に羨ましいです。

No.	単語	意味
373	响 xiǎng	動 鳴る、鳴らす　形 音が大きい
374	行 xíng	動 大丈夫だ、かまわない 形 優れている、能力のある
375	醒 xǐng	動 起きる、目が覚める
376	修理 xiūlǐ	動 修理する
377	研究 yánjiū	動 研究する
378	演出 yǎnchū	動 演じる　名 上演、公演

上课铃响了，学生们都走进了教室。 Shàngkèlíng xiǎng le, xuéshengmen dōu zǒujìnle jiàoshì.	チャイムが鳴って、学生たちは教室に入りました。
他的手机铃声特别响，谁都能听见。 Tā de shǒujī língshēng tèbié xiǎng, shéi dōu néng tīngjiàn.	彼の携帯は着信音が大きいです。誰でも聞こえます。
这工作我一个人做就行。 Zhè gōngzuò wǒ yí ge rén zuò jiù xíng.	この仕事は私が1人でやればいいです。
他学弹钢琴行，学别的就不那么行了。 Tā xué tán gāngqín xíng, xué bié de jiù bú nàme xíng le.	彼はピアノを習うのはすばらしいですが、ほかのことを習うのはそうでもないようです。
我每天早上五点就醒了。 Wǒ měitiān zǎoshang wǔ diǎn jiù xǐng le.	私は毎朝5時には目が覚めます。
我刚睡着，手机就把我吵醒了。 Wǒ gāng shuìzháo, shǒujī jiù bǎ wǒ chǎoxǐng le.	眠りに就いたとたん、携帯の音に起こされました。
他修理电脑的工具很齐全。 Tā xiūlǐ diànnǎo de gōngjù hěn qíquán.	彼のコンピューターを修理する道具はよく揃っています。
修理洗衣机的师傅下午四点来。 Xiūlǐ xǐyījī de shīfu xiàwǔ sì diǎn lái.	洗濯機を修理する職人さんは午後4時に来ます。
他主持的研究是国家的一个重点项目。 Tā zhǔchí de yánjiū shì guójiā de yí ge zhòngdiǎn xiàngmù.	彼が担当している研究は国の重要プロジェクトです。
大家可以研究一下下一步的计划。 Dàjiā kěyǐ yánjiū yíxià xià yíbù de jìhuà.	みなで次の計画を精査しましょう。
这些演员出国演出了一个月。 Zhèxiē yǎnyuán chūguó yǎnchūle yí ge yuè.	この俳優たちは海外で1カ月演じていました。
我今天晚上要去看演出。 Wǒ jīntiān wǎnshang yào qù kàn yǎnchū.	今晩は公演を見に行きます。

No.	単語	意味
379	养成 yǎngchéng	動 身につける
380	邀请 yāoqǐng	動 招待する
381	以为 yǐwéi	動 思う、思い込む
382	引起 yǐnqǐ	動 引き起こす
383	赢 yíng	動 勝つ
384	应聘 yìngpìn	動 招聘に応じる

他养成了爱看书的好习惯。 Tā yǎngchéngle ài kàn shū de hǎo xíguàn.	彼は好んで本を読むよい習慣を身につけました。
好的生活习惯是从小逐渐养成的。 Hǎo de shēnghuó xíguàn shì cóngxiǎo zhújiàn yǎngchéng de.	いい生活習慣は小さい時から次第に身につくものです。
老师邀请我们到家里做客。 Lǎoshī yāoqǐng wǒmen dào jiāli zuòkè.	先生は私たちをご自宅に招待してくれました。
他不好意思拒绝朋友的邀请。 Tā bù hǎoyìsi jùjué péngyou de yāoqǐng.	彼はきまりが悪くて友達の招待を断れません。
我以为他是中国人，原来是日本人啊。 Wǒ yǐwéi tā shì Zhōngguórén, yuánlái shì Rìběnrén a.	彼が中国人だと思い込んでいましたが、日本人だったのですね。
他原以为自己来得很早，结果他是最后到的。 Tā yuán yǐwéi zìjǐ láide hěn zǎo, jiéguǒ tā shì zuìhòu dào de.	彼はもともと自分が早く来たと思いましたが、結局最後に着きました。
这件事情引起了人们的注意。 Zhè jiàn shìqing yǐnqǐle rénmen de zhùyì.	このことは人々の注意を引き起こしました。
没想到这件事引起了严重的后果。 Méi xiǎngdào zhè jiàn shì yǐnqǐle yánzhòng de hòuguǒ.	このことが重大な結果を引き起こしたとは思わなかったのです。
我担心他赢不了这场比赛。 Wǒ dānxīn tā yíngbuliǎo zhè chǎng bǐsài.	私は彼が今回の試合に勝てないと心配しています。
象棋比赛我赢过他两次。 Xiàngqí bǐsài wǒ yíngguo tā liǎng cì.	将棋の競合で私は彼に2回勝ったことがあります。
公司要招一位办公人员，我就去应聘了。 Gōngsī yào zhāo yí wèi bàngōng rényuán, wǒ jiù qù yìngpìn le.	会社が事務員を1人募集していたので、応募に行きました。
他们对应聘者提出了具体的要求。 Tāmen duì yìngpìnzhě tíchūle jùtǐ de yāoqiú.	彼らは応募者に具体的な要求を出しました。

385	**预习** yùxí	動 予習
386	**原谅** yuánliàng	動 許す
387	**阅读** yuèdú	動 読む
388	**允许** yǔnxǔ	動 許す
389	**增加** zēngjiā	動 増える
390	**占线** zhàn//xiàn	動 話し中である

我已经预习了明天要讲的内容。 Wǒ yǐjīng yùxíle míngtiān yào jiǎng de nèiróng.	明日話す内容をもう予習しました。
老师要求我们上课前要预习，下了课要复习。 Lǎoshī yāoqiú wǒmen shàngkè qián yào yùxí, xiàle kè yào fùxí.	先生は、授業の前に予習して、授業の後に復習しなさいと言われました。
真对不起，请你原谅。 Zhēn duìbuqǐ, qǐng nǐ yuánliàng.	本当に申し訳ありません、許してください。
我再三原谅他，可他总是出错。 Wǒ zàisān yuánliàng tā, kě tā zǒngshì chū cuò.	私は何度も彼を許してきましたが、彼はいつも問題を起こします。
我认真阅读了这篇文章，很有收获。 Wǒ rènzhēn yuèdúle zhè piān wénzhāng, hěn yǒu shōuhuò.	私は真剣にこの文章を読んで、得るところがたくさんありました。
我想提高我的阅读能力。 Wǒ xiǎng tígāo wǒ de yuèdú nénglì.	私は自分の読解能力を高めたいです。
医院里不允许吸烟。 Yīyuàn li bù yǔnxǔ xīyān.	病院では喫煙が許されません。
如果条件允许，我想自己开一个公司。 Rúguǒ tiáojiàn yǔnxǔ, wǒ xiǎng zìjǐ kāi yí ge gōngsī.	条件が許せば、自分で会社を作りたいです。
老师这样一说，我的信心增加了许多。 Lǎoshī zhèyàng yì shuō, wǒ de xìnxīn zēngjiāle xǔduō.	先生にこう言われて、ものすごく自信がつきました。
我们学校每年新增加的教师超过 100 人。 Wǒmen xuéxiào měinián xīn zēngjiā de jiàoshī chāoguò yìbǎi rén.	私たちの学校では毎年新しく増える教師は100人以上です。
刚才办公室占线，我没打通。 Gāngcái bàngōngshì zhànxiàn, wǒ méi dǎtōng.	先ほど事務所は電話中で、繋がりませんでした。
我一连拨了三次，家里的电话始终占线。 Wǒ yìlián bōle sān cì, jiāli de diànhuà shǐzhōng zhànxiàn.	私は立て続けに3回かけましたが、家の電話はずっと話し中でした。

指定語句 頻出語句 動詞

No.	単語	ピンイン	意味
391	招聘	zhāopìn	動 招聘する
392	照	zhào	動 照らす
393	整理	zhěnglǐ	動 整理する
394	支持	zhīchí	動 支持する
395	值得	zhí//dé	動 ～する価値がある
396	指	zhǐ	動 指し示す

那个饭店正在招聘服务员，我想去试试。 Nàge fàndiàn zhèngzài zhāopìn fúwùyuán, wǒ xiǎng qù shìshi.	あのホテルでは従業員を募集しています。私は応募してみたいです。
我听说你们在招聘汉语教师，所以就来报名了。 Wǒ tīngshuō nǐmen zài zhāopìn Hànyǔ jiàoshī, suǒyǐ jiù lái bàomíng le.	こちらでは中国語の教師を募集していると聞きましたので、申し込みに来ました。
太阳光照进来，屋子变得暖和多了。 Tàiyángguāng zhàojìnlai, wūzi biànde nuǎnhuo duō le.	日の光が入ってきて、部屋はずっと暖かくなりました。
她照了照镜子，才走出去。 Tā zhàole zhào jìngzi, cái zǒuchuqu.	彼女は鏡を見てから、ようやく出て行きました。
他正在整理东西，准备去旅游。 Tā zhèngzài zhěnglǐ dōngxi, zhǔnbèi qù lǚyóu.	彼は荷物を整理しているところで、旅行に出かける準備をしています。
起床后，他把床上的东西整理得整整齐齐。 Qǐchuáng hòu, tā bǎ chuáng shang de dōngxi zhěnglǐde zhěngzhěngqíqí.	起きたら、彼はベッドの上のものをきちんと整理しました。
你做得对，我们都支持你。 Nǐ zuòde duì, wǒmen dōu zhīchí nǐ.	よくやってくれました。私たちはあなたを支持します。
信心支持着我坚持到最后。 Xìnxīn zhīchízhe wǒ jiānchídào zuìhòu.	自信は私が最後まで頑張り抜くことを支えてくれます。
这本英汉词典很好，值得买。 Zhè běn Yīng-Hàn cídiǎn hěn hǎo, zhídé mǎi.	この英和辞典はとても素晴らしいです。買う価値があります。
自然博物馆内容很丰富，值得参观。 Zìrán bówùguǎn nèiróng hěn fēngfù, zhídé cānguān.	自然博物館は内容が豊かで、見学する価値があります。
老师指着黑板上的字，让同学们读出来。 Lǎoshī zhǐzhe hēibǎn shang de zì, ràng tóngxuémen dúchūlai.	先生は黒板の字を指差して、学生たちに読み上げさせます。
他的这番话，给我指明了今后的方向。 Tā de zhè fān huà, gěi wǒ zhǐmíngle jīnhòu de fāngxiàng.	彼の話したことは私に今後の方向を指し示しました。

番号	単語	意味
397	重视 zhòngshì	動 重視する
398	祝贺 zhùhè	動 祝う
399	转 zhuǎn	動 (方向や形勢を) 変える、(物などを) 渡す
400	赚 zhuàn	動 稼ぐ
401	总结 zǒngjié	動 総括する　名 総括
402	租 zū	動 借りる　名 賃貸料

父母对孩子的升学问题都重视得很。 Fùmǔ duì háizi de shēngxué wèntí dōu zhòngshìde hěn.	親は子どもの進学に関する問題を真剣に考えています。
现在人们对心理健康问题越来越重视了。 Xiànzài rénmen duì xīnlǐ jiànkāng wèntí yuè lái yuè zhòngshì le.	今、人々は心の健康をますます重視するようになっている。
老师祝贺学生们取得了优异的成绩。 Lǎoshī zhùhè xuéshengmen qǔdéle yōuyì de chéngjì.	先生は学生たちがよい成績を取ったことを祝福しました。
今天她过生日，屋里摆满了祝贺的鲜花。 Jīntiān tā guò shēngrì, wū li bǎimǎnle zhùhè de xiānhuā.	今日は彼女の誕生日です。室内にはお祝いの花がぎっしり並べられています。
我会帮你把信转给她。 Wǒ huì bāng nǐ bǎ xìn zhuǎngěi tā.	あなたの代わりに手紙を彼女に渡します。
一转身，他人就不见了。 Yì zhuǎnshēn, tā rén jiù bújiàn le.	振り返ると、彼がいなくなっていました。
他这两年做生意，赚了不少钱。 Tā zhè liǎng nián zuò shēngyi, zhuànle bù shǎo qián.	彼はこの2年間で商売をして、少なからぬお金を儲けました。
他呀，赚的时候就开心，赔的时候就落泪。 Tā ya, zhuàn de shíhou jiù kāixīn, péi de shíhou jiù luò lèi.	彼はね、儲かっていると嬉しそうだけど、損をすると涙を流しますよ。
你好好儿总结一下这段时间的工作吧。 Nǐ hǎohāor zǒngjié yíxià zhè duàn shíjiān de gōngzuò ba.	この期間の仕事をしっかりとまとめてください。
我写了一份总结，您帮我看看。 Wǒ xiěle yí fèn zǒngjié, nín bāng wǒ kànkan.	総括を書きました。ちょっと見ていただきたいです。
我们租辆车吧，这样旅游更方便些。 Wǒmen zū liàng chē ba, zhèyàng lǚyóu gèng fāngbiàn xiē.	レンタカーを借りましょう。そうすれば旅はもっと便利になります。
这房子暂时用不着，我想租出去。 Zhè fángzi zànshí yòngbuzháo, wǒ xiǎng zūchuqu.	この家はしばらく使わないので、貸し出したいと思います。

動詞・形容詞

ZU ～ BE

403	尊重 zūnzhòng	動 大切にする
404	安全 ānquán	形 安全である　名 安全
405	棒 bàng	形 すごい、(体が) 丈夫である　名 棒
406	抱歉 bàoqiàn	形 申し訳なく思う
407	本来 běnlái	形 本来の、もともとの　副 もともと
408	笨 bèn	形 愚かだ、不器用だ

尊重对手，也是尊重自己。 Zūnzhòng duìshǒu, yě shì zūnzhòng zìjǐ.	相手を尊重することは、自分を尊重することでもあります。
他为人亲切和善，受到了人们的尊重。 Tā wéirén qīnqiè héshàn, shòudàole rénmen de zūnzhòng.	彼は人柄がよく優しいので、みんなに尊敬されています。
他在这里很安全，没有任何危险。 Tā zài zhèli hěn ānquán, méiyǒu rènhé wēixiǎn.	彼はここでは安全です。何の危険もありません。
路上一定要注意安全。 Lùshang yídìng yào zhùyì ānquán.	道中必ず安全に気を配らなければなりません。
他的身体很棒，从来不生病。 Tā de shēntǐ hěn bàng, cónglái bù shēngbìng.	彼の体は丈夫なので、これまで病気になったことがありません。
昨天晚上的比赛太棒了！ Zuótiān wǎnshang de bǐsài tài bàng le!	昨夜の試合は凄かった！
我明天没有时间，非常抱歉。 Wǒ míngtiān méiyǒu shíjiān, fēicháng bàoqiàn.	私は明日時間がありません。本当にごめんなさい。
我帮不了他的忙，感到很抱歉。 Wǒ bāngbuliǎo tā de máng, gǎndào hěn bàoqiàn.	私は彼を手伝うことができず、とても申し訳なく思います。
我本来的想法不是这样的。 Wǒ běnlái de xiǎngfǎ bú shì zhèyàng de.	私の元々の考えはこうではありませんでした。
我本来不想参加这次活动，是他让我来的。 Wǒ běnlái bù xiǎng cānjiā zhè cì huódòng, shì tā ràng wǒ lái de.	私はもともとこのイベントに参加したくありませんでしたが、彼が私を来させたのです。
我太笨了，什么也学不会。 Wǒ tài bèn le, shénme yě xuébuhuì.	私は頭が悪くて、何も習得できません。
他的手笨得很，打字特别慢。 Tā de shǒu bènde hěn, dǎzì tèbié màn.	彼は手先が不器用で、文字を入力するのがとても遅いです。

形容詞

CH ~ FE

No.	中国語	意味
409	诚实 chéngshí	形 誠実な、まじめな
410	粗心 cūxīn	形 そそっかしい、うかつな
411	得意 déyì	形 得意気な
412	低 dī	形 低い
413	烦恼 fánnǎo	形 思い悩む
414	丰富 fēngfù	形 豊富だ　動 豊かにする

他是个诚实的孩子，从来不说谎。 Tā shì ge chéngshí de háizi, cónglái bù shuōhuǎng.	彼は正直な子供です。これまでうそをついたことはありません。
希望你能把事情诚实地说出来。 Xīwàng nǐ néng bǎ shìqing chéngshíde shuōchūlai.	あなたが物事を正直に話してくれることを願います。
我太粗心了，写错了好几个数字。 Wǒ tài cūxīn le, xiěcuòle hǎo jǐ ge shùzì.	私はあまりにそそっかしいので、いくつもの数字を書き間違えました。
由于我的粗心，差点儿把行李箱丢了。 Yóuyú wǒ de cūxīn, chàdiǎnr bǎ xínglixiāng diū le.	私の不注意で、もう少しで荷物をなくすところでした。
有了一点儿成绩，他就得意成那样子了。 Yǒule yìdiǎnr chéngjì, tā jiù déyìchéng nà yàngzi le.	少し成績がいいと、彼はあのように得意気になります。
你别得意得太早了。 Nǐ bié déyìde tài zǎo le.	すぐに得意気にならないように。
这把椅子太低了，坐着不舒服。 Zhè bǎ yǐzi tài dī le, zuòzhe bù shūfu.	この椅子はとても低いので座り心地が悪いです。
这些药你放得太低了，孩子都能拿到。 Zhèxiē yào nǐ fàngde tài dī le, háizi dōu néng nádào.	これらの薬をあなたはあまりに低いところに置いているので、子どもでも手が届きます。
我考得不好，感到特别烦恼。 Wǒ kǎode bù hǎo, gǎndào tèbié fánnǎo.	試験がうまく行かず、私は非常に思い悩みました。
每当遇到烦恼，他就去喝酒。 Měi dāng yùdào fánnǎo, tā jiù qù hē jiǔ.	嫌なことがあると毎回、彼はお酒を飲みます。
他读书很多，知识很丰富。 Tā dúshū hěn duō, zhīshi hěn fēngfù.	彼は本をよく読むので、知識がとても豊富です。
他通过学习，丰富了自己的知识。 Tā tōngguò xuéxí, fēngfùle zìjǐ de zhīshi.	彼は学習によって、自分の知識を豊かにしました。

415	**富** fù	形 豊かだ
416	**复杂** fùzá	形 複雑だ
417	**共同** gòngtóng	形 共通の、いっしょに
418	**国际** guójì	形 国際的な
419	**害羞** hàixiū	形 恥ずかしがる、シャイな
420	**合格** hégé	形 (検査に) 合格した、基準に合う

这里经济发展很快，人们都富起来了。 Zhèli jīngjì fāzhǎn hěn kuài, rénmen dōu fùqǐlai le.	ここの経済発展はとても速く、人々はみな豊かになってきました。
他比我富多了，我的家庭负担很重。 Tā bǐ wǒ fùduō le, wǒ de jiātíng fùdān hěn zhòng.	彼は私よりも財産が多くなりましたが、私の家計の負担はとても重いです。
这里的交通很复杂，我经常迷路。 Zhèli de jiāotōng hěn fùzá, wǒ jīngcháng mílù.	ここの交通は複雑で、私はよく迷います。
这道题并不复杂，你再想想就会明白。 Zhè dào tí bìng bú fùzá, nǐ zài xiǎngxiang jiù huì míngbai.	この問題は決して複雑ではありません。もう一度考えてみれば分かるでしょう。
我们之间有很多共同点。 Wǒmen zhī jiān yǒu hěn duō gòngtóngdiǎn.	私たちの間には多くの共通点があります。
只有大家共同努力，才能完成这项工作。 Zhǐyǒu dàjiā gòngtóng nǔlì, cái néng wánchéng zhè xiàng gōngzuò.	みんながいっしょに努力することで、初めてこの仕事を完成することができます。
国家的国际地位在日益提高。 Guójiā de guójì dìwèi zài rìyì tígāo.	国の国際的地位が日に日に高まっています。
在一些国际问题上，他们发挥了重要作用。 Zài yìxiē guójì wèntí shang, tāmen fāhuīle zhòngyào zuòyòng.	いくつかの国際問題で、彼らは重要な役割を果たしています。
她很害羞，不敢在大家面前说话。 Tā hěn hàixiū, bù gǎn zài dàjiā miànqián shuōhuà.	彼女は恥ずかしがり屋で、みんなの前で話をする勇気がありません。
她平时很大方的，今天怎么害羞起来了？ Tā píngshí hěn dàfang de, jīntiān zěnme hàixiūqǐlai le?	彼女は普段は落ち着いているのに、今日はどうして恥ずかしがっているのでしょうか？
经过检查，这些商品全部合格。 Jīngguò jiǎnchá, zhèxiē shāngpǐn quánbù hégé.	検査を経て、これらの商品はすべて合格しました。
学校要为社会培养更多合格的人才。 Xuéxiào yào wèi shèhuì péiyǎng gèng duō hégé de réncái.	学校は社会のためにさらに多くの適した人材を育てなければならない。

421 □□□	**合适** héshì	形 ちょうどよい、ぴったり合う
422 □□□	**厚** hòu	形 厚い
423 □□□	**活泼** huópō	形 活発な
424 □□□	**激动** jīdòng	形 感動する、興奮する
425 □□□	**积极** jījí	形 積極的な
426 □□□	**及时** jíshí	形 ちょうど　副 すぐ

找一个合适的时间，我们聊聊。 Zhǎo yí ge héshì de shíjiān, wǒmen liáoliao.	適当な時間を見つけて、お話ししましょう。
我怕买得不合适，就没敢买。 Wǒ pà mǎide bù héshì, jiù méi gǎn mǎi.	私は自分にサイズが合わないのが心配で、(それを) 買う勇気がありませんでした。
这本词典太厚了，带着不方便。 Zhè běn cídiǎn tài hòu le, dàizhe bù fāngbiàn.	この辞書はとても分厚く、持ち歩くのには不便です。
这件衣服厚了点儿，我想买件薄的。 Zhè jiàn yīfu hòule diǎnr, wǒ xiǎng mǎi jiàn báo de.	この服は少し厚手なので、私は薄手のものを買いたいです。
他性格活泼，爱说爱笑。 Tā xìnggé huópō, ài shuō ài xiào.	彼は活発な性格で、よくしゃべり、よく笑います。
这群孩子天真、活泼，非常可爱。 Zhè qún háizi tiānzhēn､huópō, fēicháng kě'ài.	この子たちは無邪気で活発で、非常にかわいいです。
见到了老朋友，他非常激动。 Jiàndàole lǎo péngyou, tā fēicháng jīdòng.	古い友人に会って、彼は非常に興奮しました。
比赛得了冠军，他激动得说不出话来。 Bǐsài déle guànjūn, tā jīdòngde shuōbuchū huà lai.	試合で優勝して、彼は感動のあまり言葉が出てきませんでした。
上课的时候，大家都积极地提问题。 Shàngkè de shíhou, dàjiā dōu jījíde tí wèntí.	授業のとき、みな積極的に質問します。
在这次活动中，班长起了积极作用。 Zài zhè cì huódòng zhōng, bānzhǎng qǐle jījí zuòyòng.	今回の活動では、学級委員は積極的な役割を果たしました。
你来得很及时，我们正找你呢。 Nǐ láide hěn jíshí, wǒmen zhèng zhǎo nǐ ne.	あなたはちょうどいいときに来ました、私たちはあなたを探しているところでした。
他及时把病人送到了医院。 Tā jíshí bǎ bìngrén sòngdàole yīyuàn.	彼はすぐ病人を病院へ送っていきました。

427	**假** jiǎ	形偽の、嘘の
428	**骄傲** jiāo'ào	形傲慢な　動誇りに思う
429	**紧张** jǐnzhāng	形緊張している、余裕がない
430	**精彩** jīngcǎi	形すばらしい、生き生きとする
431	**开心** kāixīn	形楽しい
432	**可怜** kělián	形かわいそうな　動同情する、憐れむ

这些花儿都是假的，是用塑料做的。 Zhèxiē huār dōu shì jiǎ de, shì yòng sùliào zuò de.	これらの花は偽物で、プラスチックで作ったものです。
请相信我，我从来不说假话。 Qǐng xiāngxìn wǒ, wǒ cónglái bù shuō jiǎ huà.	信じてください、私はこれまで嘘をついたことがありません。
他有一些成绩，但也不应该骄傲。 Tā yǒu yìxiē chéngjì, dàn yě bù yīnggāi jiāo'ào.	彼は少し成績が上がりましたが、だからといっておごり高ぶるべきではありません。
他受到奖励，妻子也为他骄傲。 Tā shòudào jiǎnglì, qīzi yě wèi tā jiāo'ào.	彼が表彰され、奥さんも彼を誇りに思っています。
他今天的表演有点儿紧张，没发挥好。 Tā jīntiān de biǎoyǎn yǒudiǎnr jǐnzhāng, méi fāhuīhǎo.	今日の演技で彼は少し緊張していて、実力をうまく発揮できていませんでした。
这些天机票很紧张，不容易买到。 Zhèxiē tiān jīpiào hěn jǐnzhāng, bù róngyì mǎidào.	ここ数日の航空券は席に余裕がなく、買うのは難しいです。
他的发言很精彩，大家不停地鼓掌。 Tā de fāyán hěn jīngcǎi, dàjiā bù tíngde gǔzhǎng.	彼の発言が実に見事で、みんなは絶えず拍手していました。
演员们的表演太精彩了，观众都很激动。 Yǎnyuánmen de biǎoyǎn tài jīngcǎi le, guānzhòng dōu hěn jīdòng.	俳優たちの演技はとても生き生きとして、観客はみんな感動しました。
希望你们玩儿得开心。 Xīwàng nǐmen wánrde kāixīn.	私はあなたたちに楽しく遊んでほしいと思っています。
你看起来不太开心，怎么了？ Nǐ kànqilai bú tài kāixīn, zěnme le?	あまり楽しそうではありませんが、どうしました？
这孩子从小没有父母，很可怜。 Zhè háizi cóngxiǎo méiyǒu fùmǔ, hěn kělián.	この子は小さいときから両親がいないので、かわいそうです。
我不需要别人可怜，我会努力的。 Wǒ bù xūyào biérén kělián, wǒ huì nǔlì de.	私に他人の同情は必要ありません、頑張ります。

433	可惜 kěxī	形 残念な
434	肯定 kěndìng	形 はっきりした、肯定的な　副 きっと、必ず　動 肯定する
435	空 kōng	形 空の
436	苦 kǔ	形 苦い、苦しい　副 苦労して
437	困 kùn	形 眠い
438	辣 là	形 辛い　動 辛さで刺激する

这么好的机会被我错过了，真可惜。 Zhème hǎo de jīhuì bèi wǒ cuòguò le, zhēn kěxī.	このようなよい機会を私はむだにしてしまい、本当に残念です。
可惜我那时候不认识你。 Kěxī wǒ nà shíhou bú rènshi nǐ.	残念ながら私はそのときあなたと知り合っていませんでした。
领导已经做出了肯定的答复。 Lǐngdǎo yǐjīng zuòchūle kěndìng de dáfù.	リーダーははっきりとした返答をすでに出した。
他肯定已经知道了这件事。 Tā kěndìng yǐjīng zhīdaole zhè jiàn shì.	彼はきっとすでにこのことを知っています。
空瓶子可以收集起来再利用。 Kōng píngzi kěyǐ shōujíqilai zài lìyòng.	空き瓶は集めてきて再利用できます。
她走了，我感到心里空空的。 Tā zǒu le, wǒ gǎndào xīnli kōngkōng de.	彼女が去ってから、私は心の中が空っぽになったように感じました。
这种药很苦，我吃不下去。 Zhè zhǒng yào hěn kǔ, wǒ chībuxiàqu.	この薬は苦くて、私は飲めません。
刚吃的时候苦，后来觉得又有点儿甜。 Gāng chī de shíhou kǔ, hòulái juéde yòu yǒudiǎnr tián.	食べはじめは苦くて、それから少し甘く感じました。
他困极了，就躺在那里睡着了。 Tā kùn jí le, jiù tǎngzài nàli shuìzháo le.	彼は眠すぎて、あそこで横になって寝てしまいました。
他困得眼睛都睁不开了。 Tā kùnde yǎnjing dōu zhēngbukāi le.	彼は目が開かないほど眠くなっています。
师傅，我们的菜不要做得太辣。 Shīfu, wǒmen de cài búyào zuòde tài là.	すみません、私たちの料理をあまり辛く作らないでください。
这个菜辣得眼泪都出来了。 Zhège cài làde yǎnlèi dōu chūlai le.	この料理は涙が出るほど辛いです。

439

懒
lǎn
形 だらしない、いいかげんな

440

浪漫
làngmàn
形 ロマンチックな

441

冷静
lěngjìng
形 冷静な、落ち着いた

442

厉害
lìhai
形 すごい、怖い、ひどい

443

凉快
liángkuai
形 涼しい

444

流利
liúlì
形 流暢な

他很懒，从来不收拾房间。 Tā hěn lǎn, cónglái bù shōushi fángjiān.	彼はとてもだらしなく、これまでずっと部屋を片付けていません。
他最近变懒了，常常不写作业。 Tā zuìjìn biànlǎn le, chángcháng bù xiě zuòyè.	彼は最近だらしなくなり、いつも宿題をやりません。
她喜欢过那种非常浪漫的生活。 Tā xǐhuan guò nà zhǒng fēicháng làngmàn de shēnghuó.	彼女はあのようなロマンチックな生活を好みます。
这是一部具有浪漫色彩的电影。 Zhè shì yí bù jùyǒu làngmàn sècǎi de diànyǐng.	これはロマンチックな雰囲気の映画です。
你先冷静下来，别激动。 Nǐ xiān lěngjìngxiàlai, bié jīdòng.	まず落ち着いて、興奮しないでください。
在关键时刻，他表现得特别冷静。 Zài guānjiàn shíkè, tā biǎoxiànde tèbié lěngjìng.	重要な時期に、彼はことさら冷静にふるまいました。
他的功夫很厉害，没人打得过他。 Tā de gōngfu hěn lìhai, méi rén dǎdeguò tā.	彼の腕前は素晴らしく、誰も彼を倒せません。
我们的老师很厉害，我不敢迟到。 Wǒmen de lǎoshī hěn lìhai, wǒ bù gǎn chídào.	私たちの先生はとても怖いので、私は遅刻する勇気がありません。
夏天过去了，天气凉快多了。 Xiàtiān guòqu le, tiānqì liángkuaiduō le.	夏が過ぎて、かなり涼しい気候になりました。
我们找个凉快的地方休息一会儿吧。 Wǒmen zhǎo ge liángkuai de dìfang xiūxi yíhuìr ba.	涼しい場所を探して、少し休みましょう。
他能说一口流利的普通话。 Tā néng shuō yì kǒu liúlì de pǔtōnghuà.	彼は流暢な普通話を話すことができます。
他可以用五种语言流利地进行交流。 Tā kěyǐ yòng wǔ zhǒng yǔyán liúlìde jìnxíng jiāoliú.	彼は5種類の言語を用いて流暢に交流することができます。

445	乱 luàn	形 乱れる、散らかる　副 みだりに、やたらと
446	马虎 mǎhu	形 いいかげんな、うっかりする
447	满 mǎn	形 いっぱいな、全ての
448	美丽 měilì	形 美しい
449	耐心 nàixīn	形 我慢強い、根気のある　名 我慢
450	难受 nánshòu	形 つらい、苦しい

教室里有点儿乱，我们去图书馆看书吧。 Jiàoshì li yǒudiǎnr luàn, wǒmen qù túshūguǎn kàn shū ba.	教室の中は少し散らかっているので、私たちは図書館に行って本を読みましょう。
他总是乱花钱，买了很多没用的东西。 Tā zǒngshì luàn huā qián, mǎile hěn duō méi yòng de dōngxi.	彼はいつもやたらとお金を使い、使わないものをたくさん買いました。
我刚才马虎了，没注意看里面是什么。 Wǒ gāngcái mǎhu le, méi zhùyì kàn lǐmiàn shì shénme.	私はうっかりしていて、中が何であるか注意して見ていませんでした。
我们做任何事情都不能马虎。 Wǒmen zuò rènhé shìqing dōu bù néng mǎhu.	私たちはどんなことでもいいかげんにはできません。
暖壶里的水还满着，不用再加了。 Nuǎnhú li de shuǐ hái mǎnzhe, búyòng zài jiā le.	魔法瓶の水はまだいっぱいなので、注ぎ足す必要はありません。
老师家里满屋子都是书。 Lǎoshī jiāli mǎn wūzi dōu shì shū.	先生の家は部屋中が本だらけです。
一路上大家尽情地欣赏美丽的风景。 Yílù shang dàjiā jìnqíngde xīnshǎng měilì de fēngjǐng.	道中みんな思う存分美しい風景を楽しみました。
这是一个美丽而动人的传说。 Zhè shì yí ge měilì ér dòngrén de chuánshuō.	これは美しく人を感動させる伝説です。
服务员耐心的服务态度让顾客很满意。 Fúwùyuán nàixīn de fúwù tàidu ràng gùkè hěn mǎnyì.	店員の根気のある接客態度のおかげで、顧客はとても満足している。
我们学得很慢，但老师对我们很耐心。 Wǒmen xuéde hěn màn, dàn lǎoshī duì wǒmen hěn nàixīn.	私たちは学ぶスピードが遅いですが、先生はとても辛抱強く指導してくれます。
你能告诉我哪儿难受吗? Nǐ néng gàosu wǒ nǎr nánshòu ma?	どこが具合が悪いか教えてもらえますか？
比赛输了，队员们都很难受。 Bǐsài shū le, duìyuánmen dōu hěn nánshòu.	試合に負けて、メンバーはみんなくやしがっています。

No.	単語	意味
451	**暖和** nuǎnhuo	形 暖かい
452	**破** pò	形 破れた、壊れた　動 破る、壊す
453	**普遍** pǔbiàn	形 普遍的な、全体に普及した
454	**轻** qīng	形 軽い
455	**轻松** qīngsōng	形 気楽な
456	**穷** qióng	形 貧乏な、貧しい

春天来了，天气暖和了。 Chūntiān lái le, tiānqì nuǎnhuo le.	春が来て、暖かくなりました。
天太冷了，我穿了很多衣服，也不觉得暖和。 Tiān tài lěng le, wǒ chuānle hěn duō yīfu, yě bù juéde nuǎnhuo.	ものすごく寒いので、厚着しても全然暖かく感じません。
这扇窗户破了，赶紧找人修一修吧。 Zhè shàn chuānghu pò le, gǎnjǐn zhǎo rén xiū yi xiū ba.	この窓が壊れたので、急いで人を探して直してもらいましょう。
整钱我找不开，你能破成零钱吗？ Zhěng qián wǒ zhǎobukāi, nǐ néng pòchéng língqián ma?	大きなお金はお釣りがありませんので、崩していただけますか。
散步有利于身体健康，这是普遍的看法。 Sànbù yǒulìyú shēntǐ jiànkāng, zhè shì pǔbiàn de kànfǎ.	散歩は健康にいいというのは、普遍的な見方だ。
随着时代的发展，人们的知识水平普遍提高了。 Suízhe shídài de fāzhǎn, rénmen de zhīshi shuǐpíng pǔbiàn tígāo le.	時代の進歩につれて、人々の知識水準も全面的に上がりました。
这个行李箱很轻，里面没什么东西。 Zhège xínglixiāng hěn qīng, lǐmiàn méi shénme dōngxi.	このトランクはとても軽いです。中にはほとんどものが入っていません。
他轻轻地把门关上了。 Tā qīngqīngde bǎ mén guānshàng le.	彼はドアをそっと閉めました。
他的工作比较轻松。 Tā de gōngzuò bǐjiào qīngsōng.	彼の仕事はわりと楽です。
考试以前我很紧张，现在轻松了很多。 Kǎoshì yǐqián wǒ hěn jǐnzhāng, xiànzài qīngsōngle hěn duō.	試験の前はとても緊張しました。今はだいぶ楽になりました。
我小时候家里很穷，什么都买不起。 Wǒ xiǎo shíhou jiāli hěn qióng, shénme dōu mǎibuqǐ.	小さいころ貧しかったので、何も買えませんでした。
我们都是穷学生，买不起这么贵的东西。 Wǒmen dōu shì qióng xuésheng, mǎibuqǐ zhème guì de dōngxi.	私たちはみな貧乏な学生なので、こんな高価なものは買えません。

457	**热闹** rènao	形にぎやかな　動騒ぐ、にぎやかにする
458	**伤心** shāng//xīn	形悲しむ
459	**深** shēn	形深い　名深さ
460	**失望** shīwàng	形失望する、がっかりする　動失望する
461	**实际** shíjì	形実際の、実際的な　名実際、実情
462	**帅** shuài	形かっこいい

这里是北京最热闹的地方。 Zhèli shì Běijīng zuì rènao de dìfang.	ここは北京で一番にぎやかなところです。
周末咱们老同学在一起热闹一下吧。 Zhōumò zánmen lǎotóngxué zài yìqǐ rènao yíxià ba.	週末は同窓生同士で一緒にパーッとやりましょう。
面对不幸，他伤心地哭了起来。 Miànduì búxìng, tā shāngxīnde kūleqǐlai.	不幸に直面して、彼は悲しそうに泣き出した。
你这样做，会伤大家的心的。 Nǐ zhèyàng zuò, huì shāng dàjiā de xīn de.	あなたのこのようなやり方はみなを悲しませます。
在这么深的湖里游泳是很危险的。 Zài zhème shēn de hú li yóuyǒng shì hěn wēixiǎn de.	こんな深い湖で泳ぐのはとても危険です。
文章写得太深了，很多人看不懂。 Wénzhāng xiěde tài shēn le, hěn duō rén kànbudǒng.	文章はあまりに深いことが書かれていて、多くの人は読んでもわかりません。
看着这个结果，他真感到失望。 Kànzhe zhège jiéguǒ, tā zhēn gǎndào shīwàng.	この結果を見て、彼はとてもがっかりしました。
对不起，我让你们失望了。 Duìbuqǐ, wǒ ràng nǐmen shīwàng le.	皆さんをがっかりさせて、申し訳ございません。
你能给我们讲几个实际的例子吗? Nǐ néng gěi wǒmen jiǎng jǐ ge shíjì de lìzi ma?	実例をいくつか話してくれませんか。
研究问题要注意理论联系实际。 Yánjiū wèntí yào zhùyì lǐlùn liánxì shíjì.	問題を研究するには理論と実践を結びつけるよう注意すべきです。
那个小伙子长得很帅。 Nàge xiǎohuǒzi zhǎngde hěn shuài.	あの若い男性はかっこいいです。
你穿上这套西服，显得帅多了。 Nǐ chuānshàng zhè tào xīfú, xiǎnde shuàiduō le.	この背広を着たら、とっても格好よく見えますよ。

463	**顺利** shùnlì	形 順調である
464	**酸** suān	形 酸っぱい、つらい
465	**随便** suíbiàn	形 勝手に、自由に
466	**所有** suǒyǒu	形 全ての、あらゆる
467	**讨厌** tǎo//yàn	形 嫌な　動 嫌う
468	**危险** wēixiǎn	形 危険な　名 危険

我的出国手续办得很顺利。 Wǒ de chūguó shǒuxù bànde hěn shùnlì.	私の出国手続きはとても順調でした。
我们顺利完成了这项工作。 Wǒmen shùnlì wánchéngle zhè xiàng gōngzuò.	私たちはこの仕事を順調に終わらせました。
你想吃甜的还是酸的? Nǐ xiǎng chī tián de háishi suān de?	甘いものを食べたい？　それとも酸っぱいものを食べたい？
我坐的时间太长了，腰都酸了。 Wǒ zuò de shíjiān tài chángle, yāo dōu suān le.	座っていた時間が長くて、腰が痛くなりました。
我还没想好买什么，只是随便看看。 Wǒ hái méi xiǎnghǎo mǎi shénme, zhǐshì suíbiàn kànkan.	何を買うかまだ決めていません、ただ好きに見ているだけです。
我们随便吃点儿什么就可以了。 Wǒmen suíbiàn chī diǎnr shénme jiù kěyǐ le.	私たちは適当に何かちょっと食べればいいです。
所有的同学都参加了这次活动。 Suǒyǒu de tóngxué dōu cānjiāle zhè cì huódòng.	全てのクラスメートはこのイベントに参加した。
我把所有的地方都找遍了,就是找不到他。 Wǒ bǎ suǒyǒu de dìfang dōu zhǎobiàn le, jiùshì zhǎobudào tā.	私はあらゆる場所を探しましたが、やはり彼は見つかりません。
这声音太讨厌了，吵得我睡不着觉。 Zhè shēngyīn tài tǎoyàn le, chǎode wǒ shuìbuzháo jiào.	この音は本当に嫌だ。うるさくて寝られません。
妻子讨厌丈夫每天喝酒。 Qīzi tǎoyàn zhàngfu měitiān hē jiǔ.	妻は夫が毎日お酒を飲むことを嫌がります。
这儿很危险，请你们赶快离开! Zhèr hěn wēixiǎn, qǐng nǐmen gǎnkuài líkāi!	ここは危険ですので、速やかに離れてください。
万一发生了危险，你们也不要害怕。 Wànyī fāshēngle wēixiǎn, nǐmen yě búyào hàipà.	万が一危険なことが起こっても、あなたたちは恐れないでください。

469	无聊 wúliáo	形つまらない
470	咸 xián	形塩辛い、しょっぱい
471	香 xiāng	形いいにおいがする、美味しい 人気がある
472	相反 xiāngfǎn	形反対な、逆な　接逆に
473	相同 xiāngtóng	形同じ
474	详细 xiángxì	形詳しい、詳細な

他喜欢紧张地工作，不习惯无聊的日子。 Tā xǐhuan jǐnzhāngde gōngzuò, bù xíguàn wúliáo de rìzi.	彼は忙しく働くのが好きで、退屈な生活には慣れていません。
我看完才知道，这部电影其实很无聊。 Wǒ kànwán cái zhīdao, zhè bù diànyǐng qíshí hěn wúliáo.	見終わってからようやくわかったのですが、この映画は実につまらなかったです。
这个菜做得太咸了。 Zhège cài zuòde tài xián le.	このおかずは塩辛すぎます。
你觉得这个汤咸不咸？ Nǐ juéde zhège tāng xián bu xián?	このスープは塩辛いと思いますか。
走进花园，到处都那么香。 Zǒujìn huāyuán, dàochù dōu nàme xiāng.	庭園に入ってみると、至る所にいい匂いがしています。
这个土豆烧牛肉香极了。 Zhège tǔdòu shāo niúròu xiāng jí le.	このじゃがいもと牛肉の煮ものは美味しくてたまりません。
我的看法正好与你相反。 Wǒ de kànfǎ zhènghǎo yǔ nǐ xiāngfǎn.	私の考えはちょうどあなたのと逆です。
他不但不生气，相反还显得很高兴。 Tā búdàn bù shēngqì, xiāngfǎn hái xiǎnde hěn gāoxìng.	彼は怒らないばかりか、かえって嬉しそうな顔をしています。
我和他的爱好相同。 Wǒ hé tā de àihào xiāngtóng.	私と彼の趣味は同じです。
对于这部电影，我们有相同的看法。 Duìyú zhè bù diànyǐng, wǒmen yǒu xiāngtóng de kànfǎ.	この映画について、私たちは同じ考えを持っています。
这份计划写得很详细，不用修改了。 Zhè fèn jìhuà xiěde hěn xiángxì, búyòng xiūgǎi le.	この計画書は詳しく書かれているので、直さなくてもいいです。
你能不能再说得详细一点儿？ Nǐ néng bu néng zài shuōde xiángxì yìdiǎnr?	もっと詳しく話してくれませんか。

475	**辛苦** xīnkǔ	形 苦労する、つらい
476	日 興奮 **兴奋** xīngfèn	形 興奮する
477	日 厳格 **严格** yángé	形 厳しい、厳格な
478	**严重** yánzhòng	形 深刻な、重大な
479	**勇敢** yǒnggǎn	形 勇敢な
480	**幽默** yōumò	形 ユーモアのある

他每天工作很辛苦，很晚才回家。 Tā měitiān gōngzuò hěn xīnkǔ, hěn wǎn cái huí jiā.	彼は毎日仕事が大変で、夜遅くなってようやく帰宅します。
能不能辛苦你一下，帮我订一张火车票？ Néng bu néng xīnkǔ nǐ yíxià, bāng wǒ dìng yì zhāng huǒchē piào?	ご面倒をおかけしますが、汽車の切符を予約していただけませんか。
听到这个好消息，她非常兴奋。 Tīngdào zhège hǎo xiāoxi, tā fēicháng xīngfèn.	このいいニュースを聞いて、彼女は非常に興奮しています。
看他那兴奋的样子，准是遇到了好事。 Kàn tā nà xīngfèn de yàngzi, zhǔn shì yùdàole hǎoshì.	あの興奮した様子を見ると、彼はいいことに恵まれたに違いない。
他是一位很严格的教授。 Tā shì yí wèi hěn yángé de jiàoshòu.	彼はとても厳しい教授です。
这件事要严格按照规定办。 Zhè jiàn shì yào yángé ànzhào guīdìng bàn.	このことは、厳しくルールに従って行わなければなりません。
她的病很严重，需要马上送医院。 Tā de bìng hěn yánzhòng, xūyào mǎshàng sòng yīyuàn.	彼女の病気は重くて、すぐ入院しなければなりません。
地震对当地经济产生了严重的影响。 Dìzhèn duì dāngdì jīngjì chǎnshēngle yánzhòng de yǐngxiǎng.	地震は現地の経済に重大な影響をもたらしました。
他一个人登上了那座高山，非常勇敢。 Tā yí ge rén dēngshàngle nà zuò gāoshān, fēicháng yǒnggǎn.	彼は1人でその高山に登りました。とても勇敢です。
我们要勇敢地面对困难，战胜困难。 Wǒmen yào yǒnggǎnde miànduì kùnnan, zhànshèng kùnnan.	我々は困難に勇敢に立ち向かい、困難を乗り越えていきます。
王老师是个很幽默的人。 Wáng lǎoshī shì ge hěn yōumò de rén.	王先生はユーモアのある人です。
他的回答充满幽默，显示了他的智慧。 Tā de huídá chōngmǎn yōumò, xiǎnshìle tā de zhìhuì.	彼の答えはユーモアに溢れ、彼の頭のよさを表しています。

081

No.	単語	意味
481	日優 **优秀** yōuxiù	形 優秀な
482	**友好** yǒuhǎo	形 友好的な
483	**有趣** yǒuqù	形 面白い
484	**愉快** yúkuài	形 楽しむ
485	**脏** zāng	形 汚い
486	**真正** zhēnzhèng	形 本物の

去年她被评为了校优秀教师。 Qùnián tā bèi píngwéile xiào yōuxiù jiàoshī.	去年、彼女は学校の優秀教師として表彰されました。
这所大学培养出了许多优秀人才。 Zhè suǒ dàxué péiyǎngchūle xǔduō yōuxiù réncái.	この大学はたくさん優秀な人材を輩出しました。
他们态度很友好，热情大方。 Tāmen tàidu hěn yǒuhǎo, rèqíng dàfang.	彼らは友好的で、しかも親切で、気前がいいです。
他们在友好的气氛中进行了会谈。 Tāmen zài yǒuhǎo de qìfēn zhōng jìnxíngle huìtán.	彼らは友好的な雰囲気の中で対談しました。
他的表演很有趣，我们都喜欢看。 Tā de biǎoyǎn hěn yǒuqù, wǒmen dōu xǐhuan kàn.	彼のパフォーマンスは面白くて、私たちはみんな好きです。
当我累的时候,就回忆那些有趣的经历。 Dāng wǒ lèi de shíhou, jiù huíyì nàxiē yǒuqù de jīnglì.	疲れているときに、あのときの楽しい経験が思い出されます。
现在他的心情特别轻松、愉快。 Xiànzài tā de xīnqíng tèbié qīngsōng、yúkuài.	今、彼は気持ちがリラックスして、楽しそうです。
在北京，我们过得都十分愉快。 Zài Běijīng, wǒmen guòde dōu shífēn yúkuài.	北京で私たちは充分に楽しんできました。
你的房间太脏了，赶紧打扫一下吧。 Nǐ de fángjiān tài zāng le, gǎnjǐn dǎsǎo yíxià ba.	あなたの部屋は汚すぎます。早く掃除しましょう。
以前这里脏得不得了，现在干净多了。 Yǐqián zhèli zāngde bùdéliǎo, xiànzài gānjìngduō le.	以前ここはどうしようもなく汚かったのですが、今はずいぶん綺麗になりました。
他是我们心目中真正的英雄。 Tā shì wǒmen xīnmù zhōng zhēnzhèng de yīngxióng.	彼は私たちの心にある本物の英雄です。
希望你能真正学会了这门技术。 Xīwàng nǐ néng zhēnzhèng xuéhuìle zhè mén jìshù.	あなたがこの技術を本当に身につけられるよう願っています。

No.	単語	意味
487	正常 zhèngcháng	形 まともな
488	正好 zhènghǎo	形 ちょうどよい　副 ちょうど
489	正确 zhèngquè	形 確かな
490	正式 zhèngshì	形 正式な
491	直接 zhíjiē	形 直接の
492	重 zhòng	形 重い

今年的气温偏低，不太正常。 Jīnnián de qìwēn piān dī, bú tài zhèngcháng.	今年は気温が低すぎて、まともではありません。
各项工作都在按计划正常进行。 Gè xiàng gōngzuò dōu zài àn jìhuà zhèngcháng jìnxíng.	色々な仕事は計画通りに正常に実施されています。
这件衣服她穿正好，非常漂亮。 Zhè jiàn yīfu tā chuān zhènghǎo, fēicháng piàoliang.	この服は彼女が着るとちょうどよくて、とても綺麗です。
那年我来北京时正好赶上国庆节。 Nà nián wǒ lái Běijīng shí zhènghǎo gǎnshàng Guóqìngjié.	あの年、北京に来たときはちょうど国慶節でした。
这本书后面有练习的正确答案。 Zhè běn shū hòumiàn yǒu liànxí de zhèngquè dá'àn.	この本の後ろには練習の正しい答えがあります。
正确使用电器是非常重要的。 Zhèngquè shǐyòng diànqì shì fēicháng zhòngyào de.	電気製品を正しく使うことは大切です。
去年，两国正式建立了外交关系。 Qùnián, liǎng guó zhèngshì jiànlìle wàijiāo guānxi.	去年、両国は正式な外交関係を結びました。
我们饭店明天将正式接待客人。 Wǒmen fàndiàn míngtiān jiāng zhèngshì jiēdài kèrén.	うちのホテルは明日から正式にお客様をお迎えします。
我直接跟经理说吧，你不用管了。 Wǒ zhíjiē gēn jīnglǐ shuō ba, nǐ búyòng guǎn le.	私が直接マネージャーに言いますから、お構いなく。
下班后我们就直接去电影院，不用回家了。 Xiàbān hòu wǒmen jiù zhíjiē qù diànyǐngyuàn, búyòng huí jiā le.	退勤したら直接映画館に行きましょう、家に帰らなくていいです。
你的行李太重了，咱们两个人抬吧。 Nǐ de xíngli tài zhòng le, zánmen liǎng ge rén tái ba.	あなたのお荷物は重すぎるので、私たち2人で運びましょう。
病得太重了，得住院治疗。 Bìngde tài zhòng le, děi zhùyuàn zhìliáo.	病がひどいので、入院治療をしなくてはいけません。

形容詞・副詞

493	**著名** zhùmíng	形 著名な
494	**准确** zhǔnquè	形 正確な
495	**准时** zhǔnshí	形 時間通りの、時間に厳格な
496	**仔细** zǐxì	形 細かい
497	**自信** zìxìn	形 自信がある　名 自信　動 自分を信じる
498	**按时** ànshí	副 時間通りに

他是一位著名的科学家，在国际上声望很高。 Tā shì yí wèi zhùmíng de kēxuéjiā, zài guójì shang shēngwàng hěn gāo.	彼は著名な科学者で、国際的に声望が高いです。
李白是中国古代著名诗人。 Lǐ Bái shì Zhōngguó gǔdài zhùmíng shīrén.	李白は中国古代の著名な詩人です。
他的回答非常准确，获得了满分。 Tā de huídá fēicháng zhǔnquè, huòdéle mǎnfēn.	彼の答えはとても正確だったので、満点を取った。
请告诉我开会的准确时间和地点。 Qǐng gàosu wǒ kāihuì de zhǔnquè shíjiān hé dìdiǎn.	会議の正しい時間と場所を教えてください。
他是一个很准时的人，从来不迟到。 Tā shì yí ge hěn zhǔnshí de rén, cónglái bù chídào.	彼は時間に厳格で、一度も遅刻したことはありません。
大会上午八点准时开始，请大家准时参加。 Dàhuì shàngwǔ bā diǎn zhǔnshí kāishǐ, qǐng dàjiā zhǔnshí cānjiā.	大会は午前8時の定刻に始めます。皆さんは時間通りに出席してください。
玛丽写作业又快又仔细，很少出错。 Mǎlì xiě zuòyè yòu kuài yòu zǐxì, hěn shǎo chū cuò.	マリーは宿題をやるのが早くかつ丁寧で、ミスがほとんどありません。
老师的话她总是听得很仔细，一句都不漏。 Lǎoshī de huà tā zǒngshì tīngde hěn zǐxì, yí jù dōu bú lòu.	先生の話を彼女はいつも細かいところまで聞いていて、一言も聞き漏らしません。
他说话、做事总是很自信。 Tā shuōhuà、zuò shì zǒngshì hěn zìxìn.	彼は話をするにも何かするにもいつも自信たっぷりです。
随着汉语水平的不断提高，他也更加自信了。 Suízhe Hànyǔ shuǐpíng de búduàn tígāo, tā yě gèngjiā zìxìn le.	中国語が絶えず上達するにつれて、彼はさらに自信もつきました。
他每天按时上班，从来不迟到。 Tā měitiān ànshí shàngbān, cónglái bù chídào.	彼は毎日時間通りに出勤します。これまで遅れたことはありません。
别忘了按时吃药。 Bié wàngle ànshí chī yào.	時間通りに薬を飲むのを忘れないでください。

副詞

Track 084

CH～DA

No.	単語	意味
499	**差不多** chàbuduō	副 ほとんど、ほぼ　形 似たり寄ったりだ、ほとんどの
500	**重新** chóngxīn	副 もう一度、改めて
501	**从来** cónglái	副 これまでずっと、従来
502	**大概** dàgài	副 大体　形 大まかな　名 あらまし
503	**大约** dàyuē	副 おおよそ、おそらく
504	**到处** dàochù	副 至るところに

我差不多等你等了两个小时。 Wǒ chàbuduō děng nǐ děngle liǎng ge xiǎoshí.	私はほぼ2 時間ぐらいあなたを待っていました。
我们俩的汉语水平差不多。 Wǒmen liǎ de Hànyǔ shuǐpíng chàbuduō.	私たち2 人の中国語のレベルはほとんど同じです。
如果你没听清楚的话，我可以重新讲一遍。 Rúguǒ nǐ méi tīngqīngchu dehuà, wǒ kěyǐ chóngxīn jiǎng yí biàn.	もしはっきり聞こえなかったなら、私はもう1度お話しできます。
我们需要重新考虑旅行计划。 Wǒmen xūyào chóngxīn kǎolǜ lǚxíng jìhuà.	私たちはもう1度旅行計画を考え直さなければなりません。
我从来没离开过中国。 Wǒ cónglái méi líkāiguo Zhōngguó.	私はこれまで中国を離れたことがありません。
她的房间从来都是这么干净、整齐。 Tā de fángjiān cónglái dōu shì zhème gānjìng, zhěngqí.	彼女の部屋はいつもこのように綺麗で、整頓されています。
从我家到学校坐车大概需要 20 分钟。 Cóng wǒ jiā dào xuéxiào zuò chē dàgài xūyào èrshí fēnzhōng.	私の家から学校まで車で大体20分かかります。
这件事情我不十分清楚，只知道大概的情况。 Zhè jiàn shìqing wǒ bù shífēn qīngchu, zhǐ zhīdao dàgài de qíngkuàng.	このことについて私はあまり知りません。ただ大まかな状況を知っているだけです。
我等了你大约 20 分钟。 Wǒ děngle nǐ dàyuē èrshí fēnzhōng.	私は大体20分あなたを待ちました。
他们大约已经知道了结果。 Tāmen dàyuē yǐjīng zhīdaole jiéguǒ.	彼らはおそらくすでに結果を知っています。
星期天，公园里到处都是人。 Xīngqītiān, gōngyuán li dàochù dōu shì rén.	日曜日は、公園の至る所に人がいます。
他正到处找你呢，你赶快过去吧。 Tā zhèng dàochù zhǎo nǐ ne, nǐ gǎnkuài guòqu ba.	彼は今あちこちであなたを探していますよ、早く行ってください。

No.	単語	意味
505	**到底** dàodǐ	副 いったい、とうとう
506	**刚** gāng	副 さっき、~したばかり
507	**故意** gùyì	副 わざと　形 故意の
508	**光** guāng	名 光　形 なくなる　動 裸にする 副 ただ、ひたすら
509	**好像** hǎoxiàng	副 どうやら~のようだ　動 まるで~のようだ、似た
510	**互相** hùxiāng	副 お互いに

这到底是怎么回事? Zhè dàodǐ shì zěnme huí shì?	これはいったいどういうことですか？
你到底还是来了。 Nǐ dàodǐ háishi lái le.	あなたはとうとう来てくれましたね。
房子刚装修好，还没买家具。 Fángzi gāng zhuāngxiūhǎo, hái méi mǎi jiājù.	部屋は改修し終わったばかりで、まだ家具を買っていません。
你刚来，要尽快熟悉环境。 Nǐ gāng lái, yào jǐnkuài shúxī huánjìng.	あなたは来たばかりなので、できるだけ早く周りの状況を把握してください。
他故意碰了我一下。 Tā gùyì pèngle wǒ yí xià.	彼はわざと私にちょっとぶつかってきました。
对不起，我不是故意的。 Duìbuqǐ, wǒ bú shì gùyì de.	すみません、わざとではなかったのです。
屋子里太黑，一点儿光也没有。 Wūzi li tài hēi, yìdiǎnr guāng yě méiyǒu.	部屋の中はとても暗く、一筋の光すらありません。
他的头发全掉光了。 Tā de tóufa quán diàoguāng le.	彼の頭髪はすっかりなくなってしまいました。
她很漂亮，好像花儿一样。 Tā hěn piàoliang, hǎoxiàng huār yíyàng.	彼女は美しく、まるで花のようです。
弯弯的月亮好像一只小船。 Wānwān de yuèliang hǎoxiàng yì zhī xiǎochuán.	曲がった月はまるで小さな船のようです。
在遇到困难的时候，我们一直互相鼓励。 Zài yùdào kùnnan de shíhou, wǒmen yìzhí hùxiāng gǔlì.	困難に遭遇したとき、私たちはずっとお互い励まし合っています。
我们互相了解了对方的想法，消除了误会。 Wǒmen hùxiāng liǎojiěle duìfāng de xiǎngfǎ, xiāochúle wùhuì.	私たちはお互い相手の考えを理解して、誤解をなくしました。

511	**接着** jiēzhe	副 続けて、続いて
512	**竟然** jìngrán	副 なんと、意外に
513	**究竟** jiūjìng	副 結局
514	**恐怕～** kǒngpà ~	副 おそらく～だ、～の恐れがある
515	**难道～** nándào ~	副 まさか～ではあるまい
516	**偶尔** ǒu'ěr	副 たまたま、偶然

他看了我一下，接着就笑了。 Tā kànle wǒ yíxià, jiēzhe jiù xiào le.	彼は私をチラッと見て、それからすぐにっこりしました。
一阵风过后，接着就下起雨来了。 Yí zhèn fēng guòhòu, jiēzhe jiù xiàqi yǔ lai le.	風がひとしきり吹いた後、続けて雨が降り始めました。
他竟然能听懂中国的方言。 Tā jìngrán néng tīngdǒng Zhōngguó de fāngyán.	彼はなんと中国の方言が聞いてわかります。
我们从来没见过，他竟然知道我的名字。 Wǒmen cónglái méi jiànguo, tā jìngrán zhīdao wǒ de míngzi.	私たちはこれまで会ったことがないのに、彼はなんと私の名前を知っていました。
你究竟同意还是不同意？ Nǐ jiūjìng tóngyì háishi bù tóngyì?	あなたは結局同意しますか、それともしないのですか？
他究竟什么时候能回来？ Tā jiūjìng shénme shíhou néng huílai?	彼は結局いつ帰ってこられるのですか？
下雨了，恐怕比赛不能继续下去了。 Xià yǔ le, kǒngpà bǐsài bù néng jìxùxiàqu le.	雨が降りはじめたので、試合は続けられなくなる恐れがあります。
还有十分钟就八点了，今天恐怕又要迟到了。 Hái yǒu shí fēnzhōng jiù bā diǎn le, jīntiān kǒngpà yòu yào chídào le.	あと10分で8時です、今日もまた遅刻してしまう恐れがあります。
我们四点开会，难道你忘了？ Wǒmen sì diǎn kāihuì, nándào nǐ wàng le?	4時に会議があるのをまさか忘れたわけではないですよね。
你难道不知道明天有考试吗？ Nǐ nándào bù zhīdào míngtiān yǒu kǎoshì ma?	あなたは明日試験があるのをまさか知らないのですか。
我只是偶尔喝一点儿酒。 Wǒ zhǐshì ǒu'ěr hē yìdiǎnr jiǔ.	私はたまに酒を飲むだけです。
我们联系不多，偶尔会打个电话。 Wǒmen liánxì bù duō, ǒu'ěr huì dǎ ge diànhuà.	私たちはあまり連絡を取りません。たまに電話をするぐらいです。

517	**千万** qiānwàn	副くれぐれも、必ず
518	**却** què	副かえって、ところが
519	**确实** quèshí	副確かに　形確かな
520	**仍然** réngrán	副やはり、相変わらず
521	**稍微** shāowēi	副やや
522	**甚至～** shènzhì ~	副～さえ、～すら　接ひいては～だ、甚だしく～だ

你晚上开车，千万要小心。 Nǐ wǎnshang kāichē, qiānwàn yào xiǎoxīn.	夜の運転は、くれぐれも気をつけてください。
千万别忘了我跟你说过的话。 Qiānwàn bié wàngle wǒ gēn nǐ shuōguo de huà.	私が言ったことをくれぐれも忘れないでね！
外面很冷，室内却很暖和。 Wàimiàn hěn lěng, shìnèi què hěn nuǎnhuo.	外は寒いですが、部屋の中はとても暖かいです。
大家都反对这么做，可她却非要坚持。 Dàjiā dōu fǎnduì zhème zuò, kě tā què fēi yào jiānchí.	みんながこうすることに反対なのに、彼女はどうしてもやると言い張ります。
这台电视确实比那台好。 Zhè tái diànshì quèshí bǐ nà tái hǎo.	このテレビは確かにあれよりいいです。
我们得到了确实的消息，试验获得了成功。 Wǒmen dédàole quèshí de xiāoxi, shìyàn huòdéle chénggōng.	私たちは確かな情報を手に入れました。実験は成功しました。
过去我们是朋友，现在我们仍然是朋友。 Guòqù wǒmen shì péngyou, xiànzài wǒmen réngrán shì péngyou.	以前私たちは友達でした。今も相変わらず友達です。
他仍然像过去一样爱开玩笑。 Tā réngrán xiàng guòqù yíyàng ài kāi wánxiào.	彼は昔どおり冗談を言うのが好きです。
你稍微等我一会儿，我马上就来。 Nǐ shāowēi děng wǒ yíhuìr, wǒ mǎshàng jiù lái.	ちょっとお待ちください。すぐ行きます。
菜的味道稍微咸了一点儿。 Cài de wèidao shāowēi xiánle yìdiǎnr.	料理の味は少ししょっぱかったです。
这里很落后，甚至连电灯都没有。 Zhèli hěn luòhòu, shènzhì lián diàndēng dōu méiyǒu.	このあたりはとても後れていて、電灯さえありません。
在这里，不但年轻人，甚至老年人都爱唱歌。 Zài zhèli, búdàn niánqīng rén, shènzhì lǎonián rén dōu ài chànggē.	ここでは若者だけではなく、高齢者も歌が好きです。

No.	単語	意味
523	十分 shífēn	副 充分に
524	实在 shízài	副 本当に、実は　形 本当の
525	是否 shìfǒu	副 ～かどうか
526	首先 shǒuxiān	副 最初に　接 第一に
527	顺便 shùnbiàn	副 ついでに
528	挺 tǐng	副 非常に、とても

锻炼身体对他来说十分重要。 Duànliàn shēntǐ duì tā lái shuō shífēn zhòngyào.	体を鍛えるのは、彼にとってとても重要です。
他们对我十分热情，我十分感动。 Tāmen duì wǒ shífēn rèqíng, wǒ shífēn gǎndòng.	彼らはすごく親切にしてくれて、とても感動しました。
我实在没有时间，只好不去了。 Wǒ shízài méiyǒu shíjiān, zhǐhǎo bú qù le.	本当に時間が取れないので、やむを得ず行かないことにしました。
他对人很实在，不会说假话、骗人那一套。 Tā duì rén hěn shízài, bú huì shuō jiǎ huà、piàn rén nà yí tào.	彼はとても誠実で、嘘を言ったり、人を騙したりすることはあり得ません。
他是否认为这件事情跟你没关系？ Tā shìfǒu rènwéi zhè jiàn shìqing gēn nǐ méi guānxi?	彼はこのことがあなたと関係がないと思うでしょうか。
公司是否支持我们这个计划，谁也不敢保证。 Gōngsī shìfǒu zhīchí wǒmen zhège jìhuà, shéi yě bùgǎn bǎozhèng.	会社が私たちのこの計画を支持するかどうかは、誰も保証できません。
下了飞机，我首先找了辆出租车。 Xiàle fēijī, wǒ shǒuxiān zhǎole liàng chūzūchē.	飛行機を降りて、まずタクシーを探しました。
经理首先感谢大家的参与，然后做了总结。 Jīnglǐ shǒuxiān gǎnxiè dàjiā de cānyù, ránhòu zuòle zǒngjié.	マネージャーはまずみなさんの参加に感謝し、その後まとめの話をしました。
你下班的时候，顺便买点儿菜回来吧。 Nǐ xiàbān de shíhou, shùnbiàn mǎi diǎnr cài huílai ba.	仕事が終わったら、ついでに野菜をちょっと買ってきてね。
如果你来北京，就顺便到我家坐坐吧。 Rúguǒ nǐ lái Běijīng, jiù shùnbiàn dào wǒ jiā zuòzuo ba.	もし、北京に来るなら、ついでに家に遊びに来てください。
你的汉语说得挺好。 Nǐ de Hànyǔ shuōde tǐng hǎo.	あなたの中国語はとても上手です。
今天天气挺暖和，我们出去玩儿吧。 Jīntiān tiānqì tǐng nuǎnhuo, wǒmen chūqu wánr ba.	今日は暖かいので、私たちは外へ遊びに行きましょう。

529	完全 wánquán	副 完全に
530	往往 wǎngwǎng	副 しばしば、往々にして
531	也许 yěxǔ	副 ひょっとしたら、もしかすると
532	日 遠 永远 yǒngyuǎn	副 永遠に
533	尤其 yóuqí	副 特に
534	原来 yuánlái	副 もともと、なんと　形 以前の

这件事我一点儿印象也没有，完全忘了。 Zhè jiàn shì wǒ yìdiǎnr yìnxiàng yě méiyǒu, wánquán wàng le.	このことについて、何の印象もありません。完全に忘れてしまいました。
这篇文章的观点是完全正确的。 Zhè piān wénzhāng de guāndiǎn shì wánquán zhèngquè de.	この文章の観点はまったく正しいです。
人们往往不注意这些小事。 Rénmen wǎngwǎng bú zhùyì zhèxiē xiǎo shì.	人々はたいていこのような小さなことを気にしません。
你越想得到的东西往往越不容易得到。 Nǐ yuè xiǎng dédào de dōngxi wǎngwǎng yuè bù róngyì dédào.	手に入れたいものであればあるほど、手に入れにくいものです。
下着这么大雨，她也许不会来了。 Xiàzhe zhème dà yǔ, tā yěxǔ bú huì lái le.	雨がこんなに降っているので、彼女はひょっとしたら来ないかもしれません。
也许他的回答是对的，我不敢肯定。 Yěxǔ tā de huídá shì duì de, wǒ bù gǎn kěndìng.	彼の答えは正しいかもしれませんが、私は認めるわけにはいきません。
我们永远都是好朋友。 Wǒmen yǒngyuǎn dōu shì hǎo péngyou.	私たちは永遠に親友です。
我永远不会忘记在中国的生活。 Wǒ yǒngyuǎn bú huì wàngjì zài Zhōngguó de shēnghuó.	私は中国での生活を永遠に忘れられません。
每个人，尤其是孩子更喜欢这个节日。 Měi ge rén, yóuqí shì háizi gèng xǐhuan zhège jiérì.	誰でも、特に子供はこの祝日が好きです。
这篇文章写得不错，尤其是结尾部分。 Zhè piān wénzhāng xiěde búcuò, yóuqí shì jiéwěi bùfen.	この文章はよく書けています。特に結びの部分がそうです。
原来这儿的交通很不方便，现在好多了。 Yuánlái zhèr de jiāotōng hěn bù fāngbiàn, xiànzài hǎoduō le.	以前ここは交通が不便でした。今はだいぶよくなりました。
原来她就是我们的新老师。 Yuánlái tā jiùshì wǒmen de xīn lǎoshī.	なんと彼女は私たちの新しい先生だったのです。

副詞・接続詞

ZH ～ BI

Track 090

535	只好～ zhǐhǎo ~	副 ～するほかない
536	至少 zhìshǎo	副 少なくとも
537	专门 zhuānmén	副 わざわざ、特に　形 専門の
538	最好～ zuìhǎo ~	副 ～する方がいい
539	比如 bǐrú ~	接 例えば
540	并且 bìngqiě	接 かつ、また、しかも

这事谁也不想去做，只好我去做。 Zhè shì shéi yě bù xiǎng qù zuò, zhǐhǎo wǒ qù zuò.	このことは誰もやりたがらないので、私がやるほかないのです。
他听不懂，我只好说慢一点儿。 Tā tīngbudǒng, wǒ zhǐhǎo shuō màn yìdiǎnr.	彼が聞き取れなかったので、私は仕方なくもう少しゆっくり言いました。
我学汉语的时间不短了，至少有十年了。 Wǒ xué Hànyǔ de shíjiān bù duǎn le, zhìshǎo yǒu shí nián le.	中国語を勉強した時間は短くありません、少なくとも10年になりました。
你找不到专家，至少应该问问老师。 Nǐ zhǎobudào zhuānjiā, zhìshǎo yīnggāi wènwen lǎoshī.	専門家が見つからなかったら、少なくとも先生に聞いてみるべきです。
他是专门从外地赶来参加婚礼的。 Tā shì zhuānmén cóng wàidì gǎnlai cānjiā hūnlǐ de.	彼はわざわざよそから駆けつけて結婚式に参加するのです。
他正在接受足球方面专门的训练。 Tā zhèngzài jiēshòu zúqiú fāngmiàn zhuānmén de xùnliàn.	彼はサッカーの専門的なトレーニングを受けています。
你感冒刚好，最好不要去游泳了。 Nǐ gǎnmào gāng hǎo, zuìhǎo búyào qù yóuyǒng le.	あなたは風邪が治ったばかりですから、泳ぎに行かないほうがいいです。
这件事最好还是让她自己决定。 Zhè jiàn shì zuìhǎo háishi ràng tā zìjǐ juédìng.	このことはやはり、彼女自身で決めてもらうほうがいいです。
他爱好很多，比如弹钢琴、跳舞、唱歌。 Tā àihào hěn duō, bǐrú tán gāngqín、tiàowǔ、chàng gē.	彼の趣味はとても多いです。例えば、ピアノを弾くこと、踊ること、歌うことです。
水果中的维生素很丰富，比如香蕉、苹果等。 Shuǐguǒ zhōng de wéishēngsù hěn fēngfù, bǐrú xiāngjiāo、píngguǒ děng.	果物のビタミンはとても豊富です、例えばバナナ、リンゴなどです。
爸爸理解并且支持我的做法。 Bàba lǐjiě bìngqiě zhīchí wǒ de zuòfǎ.	父は私のやり方を理解し、支持してくれます。
我们不但认识，并且是好朋友。 Wǒmen búdàn rènshi, bìngqiě shì hǎo péngyou.	私たちは知り合いというだけでなく、仲のよい友達です。

接続詞

541
不过
búguò
接 しかし

542
不管～
bùguǎn ~
接 たとえ～だろうとも
解説 “不管～，都…”などの形で使われることが多い

543
不仅～
bùjǐn ~
接 ～だけでなく　副 ただ～だけでない

544
而
ér
接 そして、しかし

545
否则
fǒuzé
接 そうでないと

546
尽管～
jǐnguǎn ~
接 たとえ～でも、～にもかかわらず
副 いくらでも

外面很冷，不过屋子里挺暖和的。 Wàimiàn hěn lěng, búguò wūzi li tǐng nuǎnhuo de.	外は寒いですが、部屋の中は暖かいです。
这件衣服好是好，不过有点儿贵。 Zhè jiàn yīfu hǎo shì hǎo, búguò yǒudiǎnr guì.	この服はいいことはいいのですが、少し高いです。
不管谁有困难，他都会帮助。 Bùguǎn shéi yǒu kùnnan, tā dōu huì bāngzhù.	誰が困っていようと、彼はいつも助けます。
不管别人说什么，他都坚持自己的看法。 Bùguǎn biérén shuō shénme, tā dōu jiānchí zìjǐ de kànfǎ.	他の人が何と言おうと、彼は自分の考えを変えませんでした。
不仅我想去游泳，大家都想去。 Bùjǐn wǒ xiǎng qù yóuyǒng, dàjiā dōu xiǎng qù.	私が泳ぎに行きたいだけではなく、みんなも行きたがっています。
不仅人有生命，树木、花草都有生命。 Bùjǐn rén yǒu shēngmìng, shùmù、huācǎo dōu yǒu shēngmìng.	人に命があるだけでなく、木や花や草にも命があります。
她聪明而美丽，深受大家喜欢。 Tā cōngming ér měilì, shēn shòu dàjiā xǐhuan.	彼女は頭がよく、綺麗なので、多くの人に好かれています。
我喜欢历史课，而他喜欢数学课。 Wǒ xǐhuan lìshǐ kè, ér tā xǐhuan shùxué kè.	私は歴史の授業が好きですが、彼は数学の授業が好きです。
一定是堵车了，否则他不会迟到。 Yídìng shì dǔchē le, fǒuzé tā bú huì chídào.	絶対に渋滞しているはずです。そうでないと彼が遅れるはずがありません。
你应该早点儿告诉他，否则他会着急的。 Nǐ yīnggāi zǎodiǎnr gàosu tā, fǒuzé tā huì zháojí de.	あなたは早く彼に言わないと、彼はやきもきするでしょう。
尽管有很多困难，但我们没有失去信心。 Jǐnguǎn yǒu hěn duō kùnnan, dàn wǒmen méiyǒu shīqù xìnxīn.	たとえ多くの困難があっても、私たちは自信を失いません。
妈妈尽管放心，我会照顾好自己的。 Māma jǐnguǎn fàngxīn, wǒ huì zhàogùhǎo zìjǐ de.	お母さんはかまわず安心してください、私はちゃんと自分のことはできます。

547

即使～

jíshǐ ~

[接] たとえ～であっても

548

可是

kěshì

[接] しかし

549

另外

lìngwài

[接] 別に、他に　[代] 別の

550

既然～

jìrán ~

[接] ～であるならば、～であるからには

551

然而

rán'ér

[接] しかし、けれども

[解説] 多く書き言葉に用いる

552

同时

tóngshí

[接] 同時に

即使下雨，我们也要去长城。 Jíshǐ xià yǔ, wǒmen yě yào qù Chángchéng.	たとえ雨が降っても、私たちは長城へ行きたいです。
即使生病的时候，他也没停止学习。 Jíshǐ shēngbìng de shíhou, tā yě méi tíngzhǐ xuéxí.	たとえ病気のときでも、彼は勉強をやめませんでした。
累了一天，可是大家都很开心。 Lèile yì tiān, kěshì dàjiā dōu hěn kāixīn.	一日中働いたけれど、みんなとても楽しそうです。
虽然我去过两次北京，可是时间都很短。 Suīrán wǒ qùguo liǎng cì Běijīng, kěshì shíjiān dōu hěn duǎn.	私は2回北京に行ったことがありますが、時間はとても短いものでした。
今天太晚了，我们另外找时间谈吧。 Jīntiān tài wǎn le, wǒmen lìngwài zhǎo shíjiān tán ba.	今日は遅くなったので、私たちは別に時間を探して話しましょう。
我弟弟住在另外一个房间。 Wǒ dìdi zhùzài lìngwài yí ge fángjiān.	私の弟は別の部屋に住んでいます。
既然你喜欢这本书，就买了吧。 Jìrán nǐ xǐhuan zhè běn shū, jiù mǎi le ba.	あなたはこの本が好きならば、買ったらどうですか。
既然大家都同意，我们就不讨论了。 Jìrán dàjiā dōu tóngyì, wǒmen jiù bù tǎolùn le.	みんなが同意しているのならば、私たちは討論しません。
我很喜欢中国文化，然而了解得还不多。 Wǒ hěn xǐhuan Zhōngguó wénhuà, rán'ér liǎojiěde hái bù duō.	私は中国文化が大好きですが、詳しく知っていることは多くありません。
我说的你们可能不相信，然而这是事实。 Wǒ shuō de nǐmen kěnéng bù xiāngxìn, rán'ér zhè shì shìshí.	私が言ったことをあなたたちは信じないかもしれませんが、しかし、これは事実です。
他在看电视的同时，还听着音乐。 Tā zài kàn diànshì de tóngshí, hái tīngzhe yīnyuè.	彼はテレビを見ながら、音楽も聞いています。
他是个好丈夫，同时也是个好爸爸。 Tā shì ge hǎo zhàngfu, tóngshí yě shì ge hǎo bàba.	彼はいい夫であると同時に、いいお父さんです。

553	**无论~** wúlùn ~	接 ~にかかわらず
554	**要是** yàoshi	接 もし
555	**因此** yīncǐ	接 そのため、したがって
556	**由于** yóuyú ~	接 ~によって、~なので
557	**于是** yúshì	接 そこで
558	**只要~** zhǐyào ~	接 ~さえすれば

他无论做什么事都非常认真。 Tā wúlùn zuò shénme shì dōu fēicháng rènzhēn.	彼は何をするにしても非常に真剣です。
无论我说什么，他就是不听。 Wúlùn wǒ shuō shénme, tā jiùshì bù tīng.	私が何を言っても、彼は聞いてくれません。
要是明天下雨，我们就不去长城了。 Yàoshi míngtiān xià yǔ, wǒmen jiù bú qù Chángchéng le.	もし明日雨が降ったら、万里の長城は行かないことにしましょう。
要是来不及的话，就打车吧。 Yàoshi láibují dehuà, jiù dǎchē ba.	もし間に合わなかったら、タクシーで行きましょう。
他在这里生活了八年，因此对这里很熟悉。 Tā zài zhèli shēnghuóle bā nián, yīncǐ duì zhèli hěn shúxi.	彼はここで8 年間も生活しているので、ここのことをよく知っています。
由于工作太忙，因此没有时间锻炼。 Yóuyú gōngzuò tài máng, yīncǐ méiyǒu shíjiān duànliàn.	仕事が忙しいので、体を鍛える時間がありません。
由于下雨，比赛取消了。 Yóuyú xià yǔ, bǐsài qǔxiāo le.	雨なので、試合は中止になりました。
由于情况复杂，我做不了决定。 Yóuyú qíngkuàng fùzá, wǒ zuòbuliǎo juédìng.	状況は複雑すぎるので、私は決められません。
我接到了电话通知，于是就来了。 Wǒ jiēdàole diànhuà tōngzhī, yúshì jiù lái le.	私は電話でのお知らせをもらったので、来ました。
我们请了个翻译，于是问题就解决了。 Wǒmen qǐngle ge fānyì, yúshì wèntí jiù jiějué le.	通訳をお願いしたので、問題は解決されました。
只要细心一点儿，就不会出这种错误。 Zhǐyào xìxīn yìdiǎnr, jiù bú huì chū zhè zhǒng cuòwù.	ちょっと気をつけさえすれば、このような間違いが起こるはずはありません。
只要有时间，我就一定会来看你。 Zhǐyào yǒu shíjiān, wǒ jiù yídìng huì lái kàn nǐ.	時間さえあれば、私は絶対あなたに会いに行きます。

量詞

559 □□□
倍
bèi

量 倍

解説 "**增加一倍**"は「1倍分増える」=「2倍になる」という意味になる

560 □□□
遍
biàn

量 度　動（多く結果補語として用いて）隅々まで行き渡る

561 □□□
场
chǎng

量 劇・試合の回数などを数える量詞

562 □□□
份
fèn

量 ～部、～人分

解説 組・セットになったものの数を数える

563 □□□
公里
gōnglǐ

量 キロメートル

564 □□□
节
jié

量 連続したものの区切りを数える

解説 具体的には授業のコマ数、段落・車両の数などで用いる

他的工资两年增加了一倍。 Tā de gōngzī liǎng nián zēngjiāle yí bèi.	彼の給料は2年で2倍になりました。
今年的产量比去年高出了一倍。 Jīnnián de chǎnliàng bǐ qùnián gāochūle yí bèi.	今年の生産量は去年に比べ2倍になりました。
我没听懂，请你再说一遍好吗? Wǒ méi tīngdǒng, qǐng nǐ zài shuō yí biàn hǎo ma?	私は聞いて分からなかったので、もう一度言ってもらえませんか？
这两年他几乎走遍了世界。 Zhè liǎng nián tā jīhū zǒubiànle shìjiè.	この2年、彼はほとんど世界を巡っていました。
我在北京看过两场京剧。 Wǒ zài Běijīng kànguo liǎng chǎng jīngjù.	私は北京で京劇を2本見ました。
我到现在也忘不了那场音乐会。 Wǒ dào xiànzài yě wàngbuliǎo nà chǎng yīnyuèhuì.	私は今でもあのコンサートが忘れられません。
我给大家带了礼物，每人一份。 Wǒ gěi dàjiā dàile lǐwù, měi rén yí fèn.	私は皆さんにプレゼントを持ってきました。1人1つずつです。
这份材料很重要，别弄丢了。 Zhè fèn cáiliào hěn zhòngyào, bié nòngdiū le.	この資料はとても重要です。なくさないでください。
在高速路上,我们一个小时开了 100 公里。 Zài gāosùlù shang, wǒmen yí ge xiǎoshí kāile yìbǎi gōnglǐ.	高速道路で、私たちは1時間に100km走りました。
机场离市区大约 40 公里。 Jīchǎng lí shìqū dàyuē sìshí gōnglǐ.	空港は市街地から約40km離れています。
这本书有三章二十节。 Zhè běn shū yǒu sān zhāng èrshí jié.	この本は3つの章と20の節があります。
我们上午有四节课。 Wǒmen shàngwǔ yǒu sì jié kè.	私たちは午前中、授業が4コマあります。

565
棵
kē
量 本
解説 木や草を数える量詞

566
毛
máo
量 角（通貨の単位）
解説 話し言葉でよく用いられる

567
秒
miǎo
量 秒（時間の単位）

568
篇
piān
量 篇（文章を数える量詞）

569
台
tái
量 台（機械や舞台での出し物の回数などを数える量詞）

570
趟
tàng
量 回、本（往復する回数や電車の発着を数える量詞）

他站在一棵大树下。 Tā zhànzài yì kē dà shù xià.	彼は1本の大樹の下に立っています。
院子里长出了几棵草。 Yuànzi li zhǎngchūle jǐ kē cǎo.	中庭に数本草がのびてきています。
这本书 20 块两毛。 Zhè běn shū èrshí kuài liǎng máo.	この本は20元2角です。
你给我十块，我找你一毛。 Nǐ gěi wǒ shí kuài, wǒ zhǎo nǐ yì máo.	10元のお預かりで、1角のお釣りです。
现在的时间是 9 点 20 分 25 秒。 Xiànzài de shíjiān shì jiǔ diǎn èrshí fēn èrshiwǔ miǎo.	今の時刻は9時20分25秒です。
他很珍惜时间，一分一秒都不浪费。 Tā hěn zhēnxī shíjiān, yì fēn yì miǎo dōu bú làngfèi.	彼は時間を大事にしていて、一分一秒も無駄にしません。
这本书中有我写的两篇论文。 Zhè běn shū zhōng yǒu wǒ xiě de liǎng piān lùnwén.	この本の中に私の書いた論文が2つ掲載されています。
他的一篇篇散文写得很感人。 Tā de yìpiānpiān sǎnwén xiěde hěn gǎnrén.	彼が書いた散文はどれも人を感動させます。
这台电脑是我昨天刚买的。 Zhè tái diànnǎo shì wǒ zuótiān gāng mǎi de.	このパソコンは昨日買ったばかりです。
他们合作演了一台好戏。 Tāmen hézuò yǎnle yì tái hǎo xì.	彼らは協力してすばらしい舞台を演じました。
昨天我去了一趟火车站。 Zuótiān wǒ qùle yí tàng huǒchēzhàn.	昨日駅に行ってきました。
我忘了带书，只好回家取一趟了。 Wǒ wàngle dài shū, zhǐhǎo huí jiā qǔ yí tàng le.	本を持ってくるのを忘れました。家に取りに戻るしかありません。

571	**页** yè	量 頁（本のページを数える量詞）
572	**座** zuò	量 大きなものを数える量詞　名 席
573	**按照～** ànzhào ~	介 ～に基づいて、～どおりに 動 ～に基づく
574	**当～** dāng ~	介 まさに～のとき　動 ～になる
575	**对于～** duìyú ~	介 ～に対して
576	**连～** lián ~	介 ～も加えて、～さえも　動 つながる、連なる　副 続けて

请打开书的第 8 页。 Qǐng dǎkāi shū de dì bā yè.	本の 8 ページを開けてください。
这本书一共有 300 多页。 Zhè běn shū yígòng yǒu sānbǎi duō yè.	この本は全部で 300 ページ余りあります。
这座大楼有四十层。 Zhè zuò dàlóu yǒu sìshí céng.	このビルは 40 階建てです。
我们能不能换换座儿? Wǒmen néng bu néng huànhuan zuòr?	私たちの席をちょっと換えていただけないでしょうか？
你要按照医生说的话做，病才会好得快。 Nǐ yào ànzhào yīshēng shuō de huà zuò, bìng cái huì hǎode kuài.	医者の言う通りにしないと、病気は早く治らないでしょう。
按照学校的规定，你应该参加考试。 Ànzhào xuéxiào de guīdìng, nǐ yīnggāi cānjiā kǎoshì.	学校の規定に従い、あなたはテストを受けなければなりません。
当我们上课的时候，他突然晕倒了。 Dāng wǒmen shàngkè de shíhou, tā tūrán yūndǎo le.	私たちが授業に出ているとき、彼は突然倒れました。
他想当一名演员。 Tā xiǎng dāng yì míng yǎnyuán.	彼は役者になりたがっています。
对于这个问题，我想谈谈自己的看法。 Duìyú zhège wèntí, wǒ xiǎng tántan zìjǐ de kànfǎ.	この問題に対して、私は自分の考えを話してみたいと思います。
对于这里的生活，我已经完全适应了。 Duìyú zhèli de shēnghuó, wǒ yǐjīng wánquán shìyìng le.	ここの生活に、私はもう完全に適応しました。
这件事怎么连我也不知道? Zhè jiàn shì zěnme lián wǒ yě bù zhīdào?	この件は、どうして私でも知らなかったのでしょうか？
电话线没有连上，所以没声音。 Diànhuàxiàn méiyǒu liánshàng, suǒyǐ méi shēngyīn.	電話線がつながっていないので、声がしません。

介詞・代名詞

Track 097

577	随着～ suízhe ~	介 ～につれて、～とともに
578	通过～ tōngguò ~	介 ～を通じて　動 通る、通過する
579	以～ yǐ ~	介 ～をもって、～として
580	由～ yóu ~	介 ～から、～で
581	与～ yǔ ~	介 ～と　接 及び
582	各 gè	代 各～、それぞれの、いろいろな

随着经济的发展，人们的生活也越来越好。 Suízhe jīngjì de fāzhǎn, rénmen de shēnghuó yě yuèláiyuè hǎo.	経済の発展とともに、人々の生活もますますよくなった。
随着汉语水平的不断提高，他也更加自信了。 Suízhe Hànyǔ shuǐpíng de búduàn tígāo, tā yě gèngjiā zìxìn le.	中国語が絶えず上達するにつれて、彼はさらに自信もつきました。
火车通过了这座大桥。 Huǒchē tōngguòle zhè zuò dàqiáo.	列車はこの大橋を通過しました。
通过讨论，我们取得了一致的看法。 Tōngguò tǎolùn, wǒmen qǔdéle yízhì de kànfǎ.	議論を通じて、合意に達した。
父母一直以这个儿子为自豪。 Fùmǔ yìzhí yǐ zhège érzi wéi zìháo.	両親はずっとこの息子のことを誇りに思っています。
他以旅游者的身份来到了中国。 Tā yǐ lǚyóuzhě de shēnfèn láidàole Zhōngguó.	彼は旅行者の身分で中国に来ました。
这件事由你自己决定。 Zhè jiàn shì yóu nǐ zìjǐ juédìng.	このことはあなた自身で決めてください。
他是由感冒引起的咳嗽。 Tā shì yóu gǎnmào yǐnqǐ de késou.	彼は風邪をひいて咳をしているのです。
与以往不同的是，这次报名的人很多。 Yǔ yǐwǎng bùtóng de shì, zhè cì bàomíng de rén hěn duō.	昔と違って、今回申し込んだ人は多いです。
要学好汉语，说与写都很重要。 Yào xuéhǎo Hànyǔ, shuō yǔ xiě dōu hěn zhòngyào.	中国語をマスターするには、話すことと書くことはどちらも大切です。
欢迎各位朋友的到来！ Huānyíng gè wèi péngyou de dàolái!	みなさんのご来訪を歓迎します！
这里夏天有各种水果吃。 Zhèli, xiàtiān yǒu gè zhǒng shuǐguǒ chī.	ここでは、夏食べられる果物がいろいろあります。

代名詞・助詞

583	**其次** qícì	代 次に、それから
584	**一切** yíqiè	代 一切、全て
585	**咱们** zánmen	代 私たち（自分と相手を含む）
586	**等** děng	助 など
587	**呀** ya	助 語気助詞の一種 解説 "啊 a"の直前の音がa, e, i, o, uのどれかで終わるときに用いる
588	**之** zhī	助 ～の

首先是你发言，其次是他。 Shǒuxiān shì nǐ fāyán, qícì shì tā.	まずあなたが発言して、次は彼の番です。
一年级的同学在前面，其次是二年级。 Yī niánjí de tóngxué zài qiánmiàn, qícì shì èr niánjí.	1年生は前に、次は2年生です。
我们会想尽一切办法解决这个问题。 Wǒmen huì xiǎngjìn yíqiè bànfǎ jiějué zhège wèntí.	私たちは全ての方法を尽くして、この問題を解決します。
我在这里一切都很好。 Wǒ zài zhèli yíqiè dōu hěn hǎo.	私はここで何も申し分ありません。
天气这么好，咱们一起去公园吧。 Tiānqì zhème hǎo, zánmen yìqǐ qù gōngyuán ba.	こんなに天気がいいので、私たちは一緒に公園へ行きましょう。
这是咱们的新课本，你先看看。 Zhè shì zánmen de xīn kèběn, nǐ xiān kànkan.	これは私たちの新しいテキストです。あなたはまず読んでみてください。
我去过美国、法国、意大利等国家。 Wǒ qùguo Měiguó、Fǎguó、Yìdàlì děng guójiā.	私はアメリカ、フランス、イタリアなどの国に行ったことがあります。
冰箱里有很多吃的，比如面包、鸡蛋，等等。 Bīngxiāng li yǒu hěn duō chī de, bǐrú miànbāo、jīdàn, děngděng.	冷蔵庫の中には多くの食べ物があります。例えば、パン、卵などです。
你什么时候来呀？ Nǐ shénme shíhou lái ya?	いつ来ますか？
他怎么一句话也不说呀？ Tā zěnme yí jù huà yě bù shuō ya?	彼はなぜ何も話さないのでしょうか？
我们的报纸要成为读者之友。 Wǒmen de bàozhǐ yào chéngwéi dúzhě zhī yǒu.	私たちの新聞は読者の友達にならなければいけません。
那里山势之险让你难以想象。 Nàli shānshì zhī xiǎn ràng nǐ nányǐ xiǎngxiàng.	あそこの山の険しさはあなたには想像がつきません。

Track 099

589

得～

děi ~

助動 ～しなければならない、～が必要である

590

敢～

gǎn ~

助動 あえて～する、～する勇気がある

591

俩

liǎ

数量 2人、2つ

592

许多

xǔduō

数量 多く、たくさん

593

百分之～

bǎi fēn zhī ~

フ 百分の～、～%

594

不得不～

bù dé bù ~

フ やむを得ず～する

这个作业我估计得三天才能完成。 Zhège zuòyè wǒ gūjì děi sān tiān cái néng wánchéng.	この宿題はおそらく3日かかってやっと終わると思います。
我们得出发了，要不就来不及了。 Wǒmen děi chūfā le, yàobù jiù láibují le.	私たちは出発しなければなりません。そうしないと、間に合わなくなります。
那儿很危险，你敢去吗? Nàr hěn wēixiǎn, nǐ gǎn qù ma?	あそこはとても危険です。あなたは行く勇気がありますか？
我敢肯定他能得第一名。 Wǒ gǎn kěndìng tā néng dé dì yī míng.	私は彼が1位をとることをはっきり断言します。
他俩是多年的老朋友。 Tā liǎ shì duō nián de lǎo péngyou.	彼ら2人は長年の古い友人です。
他们夫妻俩从来没吵过架。 Tāmen fūqī liǎ cónglái méi chǎoguo jià.	彼ら夫婦はこれまでけんかしたことがありません。
我已经认识了许多中国朋友。 Wǒ yǐjīng rènshile xǔduō Zhōngguó péngyou.	私はたくさんの中国の友達と知り合いになりました。
街道两旁摆着许多鲜花。 Jiēdào liǎngpáng bǎizhe xǔduō xiānhuā.	通りの両側にたくさんの花が並べられている。
这里百分之六十的人会说英语。 Zhèli bǎi fēn zhī liùshí de rén huì shuō Yīngyǔ.	ここでは60%の人が英語を話せます。
大学生占全国人口的百分之多少? Dàxuéshēng zhàn quánguó rénkǒu de bǎi fēn zhī duōshao?	大学生は全国の人口の何%を占めていますか。
我的鞋坏了，不得不再买一双。 Wǒ de xié huài le, bù dé bú zài mǎi yì shuāng.	私の靴はダメになったので、もう1足買わざるを得ませんでした。
这里不能吸烟，他们不得不到外面去吸。 Zhèli bù néng xīyān, tāmen bù dé bú dào wàimiàn qù xī.	ここは煙草を吸えないので、彼らはやむを得ず外で吸いました。

Track 100

595
打招呼
dǎ zhāohu
フ 挨拶をする

596
放暑假
fàng shǔjià
フ 夏休みになる

597
高速公路
gāosù gōnglù
フ 高速道路

598
开玩笑
kāi wánxiào
フ からかう

599
受不了
shòubuliǎo
フ 耐えられない

600
弹钢琴
tán gāngqín
フ ピアノを弾く

他很热情，见面就打招呼。 Tā hěn rèqíng, jiànmiàn jiù dǎ zhāohu.	彼はとても親切で、会うとすぐ挨拶をしてくれます。
我们互相打了个招呼就过去了。 Wǒmen hùxiāng dǎle ge zhāohu jiù guòqu le.	私たちはお互いちょっと挨拶して通り過ぎました。
这所大学七月末开始放暑假。 Zhè suǒ dàxué qīyuèmò kāishǐ fàng shǔjià.	この大学は7月末に夏休みが始まります。
我准备放暑假的时候去北京。 Wǒ zhǔnbèi fàng shǔjià de shíhou qù Běijīng.	私は夏休みに北京に行く計画を立てています。
这条高速公路一直通到北京。 Zhè tiáo gāosù gōnglù yìzhí tōngdào Běijīng.	この高速道路はずっと北京まで通っています。
昨晚在高速公路上发生了一起事故。 Zuówǎn zài gāosù gōnglù shang fāshēngle yìqǐ shìgù.	昨晩高速道路で事故が1件起きました。
你别生气，他是开玩笑呢。 Nǐ bié shēngqì, tā shì kāi wánxiào ne.	怒らないでください、彼はからかっているのです。
他很严肃，大家都不敢开他的玩笑。 Tā hěn yánsù, dàjiā dōu bù gǎn kāi tā de wánxiào.	彼はとてもまじめで、みんな彼をからかおうとはしませんでした。
天气太热了，很多人受不了。 Tiānqì tài rè le, hěn duō rén shòubuliǎo.	暑すぎて、多くの人には耐えられません。
你要是头疼得受不了，就赶快去医院。 Nǐ yàoshi tóuténgde shòubuliǎo, jiù gǎnkuài qù yīyuàn.	頭痛がひどいようだったら、早く病院に行きなさい。
他从小就学习弹钢琴。 Tā cóngxiǎo jiù xuéxí tán gāngqín.	彼は小さいときからピアノを習っています。
他每天要弹一个小时钢琴。 Tā měitiān yào tán yí ge xiǎoshí gāngqín.	彼は毎日ピアノを1時間弾きます。

减字默认词

シラバスでは、指定されている語句以外にも紹介されている語句があり、本ページではそのうち、指定語句の1文字または2文字のみで成り立つ語句（减字默认词）をご紹介いたします。

なお、本書の「第2章 頻出語句」で見出し語として収録している語句については★マークをつけました。

按 àn 基づく
报 bào 報告する
表 biǎo 腕時計
并 bìng 決して
超 chāo 超える
成 chéng なる
乘 chéng 乗る
★此 cǐ これ
粗 cū 粗い
袋 dài 袋
★得 dé 得る
登记 dēngjì 登録する
堵 dǔ ふさぐ
队 duì チーム
反 fǎn 反対する
放假 fàngjià 休みをとる
费 fèi 料金
封 fēng 封をする
负 fù 負う
付 fù 支払う
改 gǎi 改める
钢琴 gāngqín ピアノ
公路 gōnglù 自動車道路
★购 gòu 買う
盒 hé 箱
★活 huó 生きる
★货 huò 商品
获 huò 得る
既 jì そのうえ
加 jiā 追加する
★加油 jiāyóu がんばる
减 jiǎn 減る
江 jiāng 大きな川
★将 jiāng きっと
奖 jiǎng 賞
降 jiàng 落ちる
仅 jǐn のみ、だけ
竟 jìng やはり
距 jù 距離
★可 kě できる
拒 jù ごみ
聚 jù 集まる
烤 kǎo ロースト
垃圾 lājī ゴミ箱
凉 liáng 涼しい
★量 liàng 量
★列 liè 列
另 lìng 別の
落 luò 抜かす
美 měi 美しい
免 miǎn なしにする
暖 nuǎn あたたかい
排 pái 並べる
普通 pǔtōng 普通
其 qí その
弃 qì 放棄する
★全 quán すべての
缺 quē 不足
仍 réng いまなお
入 rù 入る
稍 shāo やや
生 shēng 生む
受 shòu 受け入れる
售 shòu 売る
熟 shú 熟れている
暑假 shǔjià 夏休み
塑料 sùliào プラスチック
填 tián 埋める
弹 tán 弾く
★通 tōng 通る
同 tóng 同じ
桶 tǒng 桶
卫生 wèishēng 衛生
味 wèi 風味
信 xìn 手紙
★修 xiū 修理する
鸭 yā あひる
演 yǎn 演じる
引 yǐn 引く
羽毛 yǔmáo 羽
优 yōu すばらしい
原 yuán オリジナル
约 yuē 約束する
增 zēng 増やす
招 zhāo 招き寄せる
招呼 zhāohū 呼ぶ
折 zhé 折る
针 zhēn 針
值 zhí 価値
祝 zhù 祝う

頻出語句 200

『HSK 考试大纲』には掲載されていない、最新版の過去問題に出題された語句を厳選して 200 収録。指定語句と合わせて覚えれば、試験対策はバッチリです！

名詞……………………216
動詞……………………240
形容詞ほか……………258

601
日安検
安检
ānjiǎn
名セキュリティチェック、安全検査
解説“安全检查”の略

602
白天
báitiān
名昼間、日中

603
班车
bānchē
名シャトルバス

604
日筆試
笔试
bǐshì
名筆記試験

605
日場
场地
chǎngdì
名（グラウンド・工事現場などの）用地、敷地

606
车灯
chēdēng
名車のライト

我们在安检处等你。 Wǒmen zài ānjiǎnchù děng nǐ.	私たちは安全検査所で君を待ちます。
打火机不能过安检。 Dǎhuǒjī bù néng guò ānjiǎn.	ライターは安全検査を通せません。
这是我办公室的电话号码，白天我都在。 Zhè shì wǒ bàngōngshì de diànhuà hàomǎ, báitiān wǒ dōu zài.	これは私のオフィスの電話番号です。日中はほとんどいます。
他白天睡觉，一到夜晚就很精神。 Tā báitiān shuìjiào, yí dào yèwǎn jiù hěn jīngshen.	彼は昼間は寝ていて、夜になると元気になります。
班车要半个小时以后才能开。 Bānchē yào bàn ge xiǎoshí yǐhòu cái néng kāi.	シャトルバスは30分後にならないと出ません。
晚上最后一班车是几点? Wǎnshang zuìhòu yì bān chē shì jǐ diǎn?	夜、最終のバスは何時ですか？
明天上午是口试，下午是笔试。 Míngtiān shàngwǔ shì kǒushì, xiàwǔ shì bǐshì.	明日、午前は口述試験で、午後は筆記試験です。
为了明天的笔试，我复习了一个月。 Wèile míngtiān de bǐshì, wǒ fùxíle yí ge yuè.	明日の筆記試験のために、私は1カ月復習しました。
关于场地的使用我们还需要再商量。 Guānyú chǎngdì de shǐyòng wǒmen hái xūyào zài shāngliang.	敷地の使用について、私たちはさらに相談する必要があります。
会议的场地稍后会另行通知。 Huìyì de chǎngdì shāohòu huì lìngxíng tōngzhī.	会議の場所について、後ほど改めてお知らせします。
这辆车的车灯非常好看，我很喜欢。 Zhè liàng chē de chēdēng fēicháng hǎokàn, wǒ hěn xǐhuan.	この車のライトはとてもかっこよくて、大好きです。
车灯坏了，最好早点儿送去修理。 Chēdēng huài le, zuìhǎo zǎodiǎnr sòngqu xiūlǐ.	車のライトが壊れましたので、早めに修理に出したほうがいいです。

607	乘客 chéngkè	名 乗客
608	吃穿 chīchuān	名（衣食住のうち）衣食、着るものと食べるもの
609	处 chù	名 場所
610	大师 dàshī	名 大家、巨匠、名人 解説 学問・芸術などの分野で造詣が深く、尊敬されている人を指す
611	大衣 dàyī	名 コート
612	～地 ~ dì	名 ～地 関 **“绿地 lǜdì”** 緑地、**“雪地 xuědì”** 雪の積もっている場所、**“各地 gèdì”** 各地

哪位乘客能给这位老人让个座儿？ Nǎ wèi chéngkè néng gěi zhè wèi lǎorén ràng ge zuòr?	お客様のどなたか、この年配の方に席を譲っていただけますか？
这架飞机上一共有一百八十名乘客。 Zhè jià fēijī shang yígòng yǒu yìbǎi bāshí míng chéngkè.	この飛行機には全部で180名の乗客が乗っている。
他生活上不讲究吃穿，穿着很朴素。 Tā shēnghuó shang bù jiǎngjiu chīchuān, chuānzhuó hěn pǔsù.	彼は生活するうえで、衣食にこだわらず、服装はとても質素です。
她的吃穿用度，都和别人不一样。 Tā de chīchuān yòngdù, dōu hé biérén bù yíyàng.	彼女の衣食にかけるお金は他の人と違っています。
你使过的东西别乱放，还放回原处。 Nǐ shǐguo de dōngxi bié luàn fàng, hái fànghuí yuánchù.	使ったものは適当に置いておかないで、元の場所に戻しなさい。
这个机器坏了，你到别处打印吧。 Zhège jīqì huài le, nǐ dào biéchù dǎyìn ba.	この機械は壊れているので、ほかのところでプリントアウトしてください。
他是这领域里大师级的人物。 Tā shì zhè lǐngyù li dàshī jí de rénwù.	彼はこの業界の名人です。
我有两张京剧大师演的京剧票。 Wǒ yǒu liǎng zhāng jīngjù dàshī yǎn de jīngjù piào.	大家が出演する京劇のチケットを2枚持っています。
他觉得冷，出门前，又穿了一件大衣。 Tā juéde lěng, chūmén qián, yòu chuānle yí jiàn dàyī.	彼は寒いと感じて、出かける前に、またコートも着ました。
你披上大衣吧，小心着凉了。 Nǐ pīshàng dàyī ba, xiǎoxīn zháoliáng le.	コートを羽織ってください。風邪をひかないように。
房子前面是一片绿地。 Fángzi qiánmiàn shì yí piàn lǜdì.	家の前は一面の緑地です。
孩子们在雪地里堆雪人呢。 Háizimen zài xuědì li duī xuěrén ne.	子どもたちは雪の上で雪だるまを作っている。

No.	中国語	意味
613	电 diàn	名 電気
614	～店 ~ diàn	名 ～店
615	儿时 érshí	名 幼少期
616	房租 fángzū	名 家賃
617	飞机餐 fēijī cān	名 機内食
618	～费 ~ fèi	名 ～費、～代

我的手表停了，电池没电了。 Wǒ de shǒubiǎo tíng le, diànchí méi diàn le.	腕時計が止まりました。電池が切れました。
我正在吃饭，突然停电了。 Wǒ zhèngzài chī fàn, tūrán tíngdiàn le.	私が食事をしていると突然停電しました。
人们看到标志，就知道这是个理发店。 Rénmen kàndào biāozhì, jiù zhīdao zhè shì ge lǐfàdiàn.	人々は標識を見て、すぐこれは美容室だとわかる。
妈妈每周六都会去那家花店买鲜花。 Māma měi zhōuliù dōu huì qù nà jiā huādiàn mǎi xiānhuā.	母は毎週土曜日にあの花屋さんに花を買いに行きます。
我已经不记得儿时的梦想了。 Wǒ yǐjīng bú jìde érshí de mèngxiǎng le.	小さい頃の夢はもう覚えていません。
儿时我经常在这块儿玩耍。 Érshí wǒ jīngcháng zài zhè kuàir wánshuǎ.	子どもの頃、よくこの辺りで遊んでいました。
听朋友说，北京的房租很贵。 Tīng péngyou shuō, Běijīng de fángzū hěn guì.	友達の話によると、北京の家賃は高いそうです。
每个月 28 号之前必须要交房租。 Měi ge yuè èrshibā hào zhīqián bìxū yào jiāo fángzū.	毎月28日までに、家賃を払わなければなりません。
那家航空公司的飞机餐很有特色。 Nà jiā hángkōng gōngsī de fēijī cān hěn yǒu tèsè.	あの航空会社の機内食には特色があります。
本次飞机餐有牛肉面和鸡肉饭两种。 Běn cì fēijī cān yǒu niúròumiàn hé jīròufàn liǎng zhǒng.	今回の機内食は牛肉麺とチキンライスの2つがあります。
如果加班的话，公司会支付加班费。 Rúguǒ jiābān dehuà, gōngsī huì zhīfù jiābānfèi.	もし残業するなら、会社は残業手当を支給します。
高级饭店用餐需要加收 10% 的服务费。 Gāojí fàndiàn yòngcān xūyào jiā shōu bǎi fēn zhī shí de fúwùfèi.	高級レストランでの食事には10%のサービス料金が加算される。

619		
□□□	**夫妻** fūqī	名 夫婦
620		
□□□	**改天** gǎitiān	名 別の日
621		
□□□	**歌唱家** gēchàngjiā	名 歌手
622		
□□□	**～馆** ~ guǎn	名 ～館 関 **"图书馆 túshūguǎn"** 図書館、 **"海洋馆 hǎiyángguǎn"** 水族館、 **"熊猫馆 xióngmāoguǎn"** パンダ館
623		
□□□	**国球** guóqiú	名 国の球技
624		
□□□	**海底** hǎidǐ	名 海底 解説 **"海底世界"** とは中国にある水族館や水中をテーマとした公園などの名称を指す

他们夫妻感情很深，从来没闹过矛盾。 Tāmen fūqī gǎnqíng hěn shēn, cónglái méi nàoguo máodùn.	彼ら夫婦は仲が良いので、一度も喧嘩したことがありません。
从今天起，你们就正式成为合法夫妻了。 Cóng jīntiān qǐ, nǐmen jiù zhèngshì chéngwéi héfǎ fūqī le.	今日から、あなたたちは正式な夫婦になりました。
改天咱们一块儿去喝酒吧。 Gǎitiān zánmen yíkuàir qù hē jiǔ bā.	いつか一緒に飲みに行きましょう。
这件事我改天详细和你说。 Zhè jiàn shì wǒ gǎitiān xiángxì hé nǐ shuō.	このことはまた今度詳しく話します。
我的邻居是一位歌唱家，他每天都在家练习。 Wǒ de línjū shì yí wèi gēchàngjiā, tā měitiān dōu zài jiā liànxí.	私のお隣さんは歌手です。彼は毎日家で練習しています。
成为歌唱家需要有表演天赋。 Chéngwéi gēchàngjiā xūyào yǒu biǎoyǎn tiānfù.	歌手になるには演じる才能が必要です。
他每个月都要去两次海洋馆。 Tā měi ge yuè dōu yào qù liǎng cì hǎiyángguǎn.	彼は月に2回水族館へ行きます。
熊猫馆今天不对外开放。 Xióngmāoguǎn jīntiān bú duìwài kāifàng.	パンダ館は今日開館しません。
乒乓球是中国的国球。 Pīngpāngqiú shì Zhōngguó de guóqiú.	卓球は中国を代表する球技です。
每个国家都有自己的国球。 Měi ge guójiā dōu yǒu zìjǐ de guóqiú.	どの国にも自国を代表する球技があります。
周末我打算带孩子去海底世界玩儿。 Zhōumò wǒ dǎsuàn dài háizi qù hǎidǐ shìjiè wánr.	週末、私は子どもを海底世界に遊びに連れて行く予定です。
小时候爸爸经常带我去海底世界。 Xiǎoshíhou bàba jīngcháng dài wǒ qù hǎidǐ shìjiè.	小さい頃、父はよく私を海底世界に連れて行ってくれました。

625	号 hào	名 番号 関 **空号 kòng hào** 未使用の番号、接続できない番号
626	红叶 hóngyè	名 紅葉
627	日 環保 环保 huánbǎo	名 環境保護 解説 **"环境保护 huánjìng bǎohù"**「環境保護」
628	~会 ~ huì	名 ~会、~パーティー、~会議
629	会场 huìchǎng	名 会場
630	日 貨 货 huò	名 貨物 関 **货到付款 huò dào fù kuǎn** 代引き払い

她留给我的号码是空号。 Tā liúgěi wǒ de hàomǎ shì kòng hào.	彼女が私に残した電話番号は、現在使われていないものです。
你的座位号是双号，请从这边进。 Nǐ de zuòwèihào shì shuānghào, qǐng cóng zhèbian jìn.	あなたの座席は偶数番号です。こちらからお入りください。
一到秋天，这里的红叶非常漂亮。 Yí dào qiūtiān, zhèli de hóngyè fēicháng piàoliang.	秋になると、ここの紅葉は見事だ。
我们决定下周一起去看红叶。 Wǒmen juédìng xiàzhōu yìqǐ qù kàn hóngyè.	私たちは来週月曜日に一緒に紅葉を見に行くことにしました。
为了环保，大家都开始不用塑料袋了。 Wèile huánbǎo, dàjiā dōu kāishǐ búyòng sùliàodài le.	環境保護のために、みなビニール袋を使わないようになってきました。
环保是每个人都应该做的事情。 Huánbǎo shì měi ge rén dōu yīnggāi zuò de shìqing.	環境保護は誰もがすべきことです。
今天下午我们开班会。 Jīntiān xiàwǔ wǒmen kāi bānhuì.	今日の午後、私たちはクラス会があります。
小王已经邀请我参加他的生日晚会了。 Xiǎo Wáng yǐjīng yāoqǐng wǒ cānjiā tā de shēngrì wǎnhuì le.	王さんはすでに彼の誕生日パーティーに参加するよう私を誘った。
请大家遵守会场的规定，关掉手机。 Qǐng dàjiā zūnshǒu huìchǎng de guīdìng, guāndiào shǒujī.	皆さん、会場のルールに従って携帯の電源をお切りください。
他的这个玩笑活跃了会场的气氛。 Tā de zhège wánxiào huóyuèle huìchǎng de qìfen.	彼が言ったこの冗談で会場の雰囲気が明るくなりました。
你放心，大商场不会卖假货。 Nǐ fàngxīn, dà shāngchǎng bú huì mài jiǎhuò.	ご安心ください。デパートでは偽物の商品を売りません。
本店不支持货到付款。 Běndiàn bù zhīchí huò dào fù kuǎn.	当店は代引き払いに対応しておりません。

No.	語	意味
631	价 jià	名 価格
632	价位 jiàwèi	名 価格帯
633	经济学家 jīngjìxuéjiā	名 経済学者、エコノミスト
634	景点 jǐngdiǎn	名 見どころ
635	剧 jù	名 ドラマ、劇
636	～卡 ~ kǎ	名 ～カード

一过圣诞节，这些商品都会降价出售。 Yí guò shèngdànjié, zhèxiē shāngpǐn dōu huì jiàngjià chūshòu.	クリスマスが過ぎると、これらの商品は全部バーゲンセールします。
由于关税增加，最近的车价开始上涨了。 Yóuyú guānshuì zēngjiā, zuìjìn de chējià kāishǐ shàngzhǎng le.	関税の増加によって、最近の車は値段が上がり始めました。
这些电脑我很喜欢，但价位有些高了。 Zhèxiē diànnǎo wǒ hěn xǐhuan, dàn jiàwèi yǒuxiē gāo le.	これらのパソコンはとても気に入りましたが、ただ価格帯が少し上すぎます。
你可以接受什么样的价位呢？ Nǐ kěyǐ jiēshòu shénmeyàng de jiàwèi ne?	どのくらいの価格帯なら受け入れられますか？
我们请了一位著名经济学家来学校做讲座。 Wǒmen qǐngle yí wèi zhùmíng jīngjìxuéjiā lái xuéxiào zuò jiǎngzuò.	私たちは有名な経済学者を招いて、学校に講義に来てもらいました。
那位经济学家没有预测过经济走势。 Nà wèi jīngjìxuéjiā méiyǒu yùcèguo jīngjì zǒushì.	あの経済学者は経済のトレンドを予測したことがありません。
故宫是北京有名的景点之一。 Gùgōng shì Běijīng yǒumíng de jǐngdiǎn zhī yī.	故宮は北京の名勝の１つです。
这个景点没什么特别的，我们走吧。 Zhège jǐngdiǎn méi shénme tèbié de, wǒmen zǒu ba.	この観光スポットは大した特徴はないので、もう行きましょう。
他导演过五部电视剧了。 Tā dǎoyǎnguo wǔ bù diànshìjù le.	彼はテレビドラマを５本演出しました。
我在剧中演一个坏人，你看了别当真。 Wǒ zài jù zhōng yǎn yí ge huàirén, nǐ kànle bié dàngzhēn.	私はドラマで悪人を演じるので、本気にしないでください。
每到节日，那位老师就会收到许多贺卡。 Měi dào jiérì, nà wèi lǎoshī jiù huì shōudào xǔduō hèkǎ.	祝日になるたびに、あの先生はたくさんのカードを受け取ります。
我忘了我的银行卡密码了，怎么办？ Wǒ wàngle wǒ de yínhángkǎ mìmǎ le, zěnme bàn?	銀行のキャッシュカードの暗証番号を忘れました。どうしたらいいですか？

No.	中国語	日本語
637	**开关** kāiguān	名 スイッチ
638	**科技** kējì	名 科学技術
639	**理发师** lǐfàshī	名 理容師
640	**明晚** míngwǎn	名 明晩
641	**目的地** mùdì dì	名 行き先
642	**难事** nánshì	名 難事、難しいこと

一旦发生事故，你就关掉这个开关。 Yídàn fāshēng shìgù, nǐ jiù guāndiào zhège kāiguān.	いったん事故が起こったら、このスイッチを切ってください。
下班以后，他关闭了所有的电源开关。 Xiàbān yǐhòu, tā guānbìle suǒyǒu de diànyuán kāiguān.	仕事を終えたら、彼はすべての電源を切りました。
飞机、汽车等现代交通工具都是科技的产物。 Fēijī､qìchē děng xiàndài jiāotōng gōngjù dōu shì kējì de chǎnwù.	飛行機、自動車などの現代交通機関は全て科学技術の産物です。
这是一本介绍科技知识的杂志，对我很有帮助。 Zhè shì yì běn jièshào kējì zhīshi de zázhì, duì wǒ hěn yǒu bāngzhù.	これは科学技術の知識を紹介する雑誌です。私にはとても役に立ちます。
我每次都找那位理发师给我理发。 Wǒ měi cì dōu zhǎo nà wèi lǐfàshī gěi wǒ lǐfà.	私は毎回あの理容師さんに髪を切ってもらいます。
我弟弟的梦想是成为一流的理发师。 Wǒ dìdi de mèngxiǎng shì chéngwéi yīliú de lǐfàshī.	弟の夢は一流の理容師になることです。
明晚有空的话，我们一起吃个饭。 Míngwǎn yǒu kòng dehuà, wǒmen yìqǐ chī ge fàn.	明日の夜空いていたら、一緒に食事でもしましょう。
明晚哥哥坐飞机去北京。 Míngwǎn gēge zuò fēijī qù Běijīng.	明日の夜、兄は飛行機で北京に行きます。
经过了30多个小时，他总算到达了目的地。 Jīngguòle sānshí duō ge xiǎoshí, tā zǒngsuàn dàodále mùdì dì.	30時間余りかかって、彼はなんとか目的地にたどり着いた。
离目的地大约还有50公里。 Lí mùdì dì dàyuē hái yǒu wǔshí gōnglǐ.	目的地まであと50キロぐらいあります。
我碰到了一件难事，不知道怎么办才好。 Wǒ pèngdàole yí jiàn nánshì, bù zhīdào zěnme bàn cái hǎo.	難事に直面して、どうしたらよくなるか分かりません。
遇到难事要冷静思考，不能着急。 Yùdào nánshì yào lěngjìng sīkǎo, bù néng zháojí.	困ったときは冷静に考えて、焦ってはいけません。

643	年轻人 niánqīngrén	名 若い人
644	女性 nǚxìng	名 女性
645	暖气 nuǎnqì	名 暖房
646	亲人 qīnrén	名 家族、愛する人
647	亲子 qīnzǐ	名 親子
648	取景地 qǔjǐng dì	名 モデルとなった場所、ロケ地

不但年轻人喜欢学汉语，老人和孩子也喜欢。 Búdàn niánqīngrén xǐhuan xué Hànyǔ, lǎorén hé háizi yě xǐhuan.	若者が中国を学ぶのが好きなだけでなく、お年寄りや子どももも好きです。
年轻人中流行在网上谈恋爱。 Niánqīngrén zhōng liúxíng zài wǎngshang tán liàn'ài.	若い人の間ではネット上の恋愛が流行っています。
政府在女性就业方面做出了很大努力。 Zhèngfǔ zài nǚxìng jiùyè fāngmiàn zuòchūle hěn dà nǔlì.	政府は女性の就職に関して、大きな努力をしました。
来这里咨询的女性比男性多。 Lái Zhèli zīxún de nǚxìng bǐ nánxìng duō.	ここに問い合わせに来る女性は男性より多い。
在寒冷的北方，暖气是必需品。 Zài hánlěng de běifāng, nuǎnqì shì bìxūpǐn.	寒い北方では、暖房システムは欠かせないものです。
今天有点儿冷，开会儿暖气吧。 Jīntiān yǒudiǎnr lěng, kāi huìr nuǎnqì ba.	今日は少し寒いので、暖房をつけましょう。
每当过节的时候我都很思念我的亲人。 Měi dāng guòjié de shíhou wǒ dōu hěn sīniàn wǒ de qīnrén.	祝日になると、家族を懐かしく思います。
他工作很忙，已经很久没联系亲人了。 Tā gōngzuò hěn máng, yǐjīng hěn jiǔ méi liánxì qīnrén le.	彼は仕事が忙しく、もう長いこと家族に連絡していない。
他现在最担心的就是和儿子的亲子关系。 Tā xiànzài zuì dānxīn de jiù shì hé érzi de qīnzǐ guānxi.	彼が今最も心配しているのは息子との親子関係です。
我和儿子打算参加地区的亲子运动会。 Wǒ hé érzi dǎsuàn cānjiā dìqū de qīnzǐ yùndònghuì.	私と息子は地域の親子運動会に参加するつもりです。
这儿以前是有名的电影取景地。 Zhèr yǐqián shì yǒumíng de diànyǐng qǔjǐng dì.	ここは以前、有名な映画のロケ地でした。
他们正在找合适的取景地拍摄。 Tāmen zhèngzài zhǎo héshì de qǔjǐng dì pāishè.	彼らは適切な撮影場所を探しています。

649	日子 rìzi	名日、日々
650	商家 shāngjiā	名会社、店舗
651	商人 shāngrén	名商人、実業家
652	上班族 shàngbānzú	名オフィスワーカー、サラリーマン
653	身心 shēnxīn	名心と体
654	省份 shěngfèn	名省

我们要好好儿庆祝一下这个特别的日子。 Wǒmen yào hǎohāor qìngzhù yíxià zhège tèbié de rìzi.	この特別な日をしっかりお祝いしましょう。
那段艰苦的日子，我们是一起度过的。 Nà duàn jiānkǔ de rìzi, wǒmen shì yìqǐ dùguò de.	あの辛い日々を私たちは一緒に乗り越えたのです。
商家最重视做生意的信誉。 Shāngjiā zuì zhòngshì zuò shēngyì de xìnyù.	お店はビジネスの信用を最も大切にしています。
这家店获得了年度优秀商家的称号。 Zhè jiā diàn huòdéle niándù yōuxiù shāngjiā de chēnghào.	この店は今年の優秀店舗という称号をもらいました。
商人们总是想尽办法来获得利益。 Shāngrénmen zǒngshì xiǎngjìn bànfǎ lái huòdé lìyì.	商人たちは常になんとかして利益を得ることに工夫しています。
从商人的角度看，这是一个能赚钱的产品。 Cóng shāngrén de jiǎodù kàn, zhè shì yí ge néng zhuànqián de chǎnpǐn.	商売人の立場から言うと、これは儲かる商品です。
工作日早上的地铁里挤满了上班族。 Gōngzuòrì zǎoshang de dìtiě li jǐmǎnle shàngbānzú.	出勤日の朝の地下鉄はサラリーマンでいっぱいです。
我是一名朝九晚五的上班族。 Wǒ shì yì míng zhāo jiǔ wǎn wǔ de shàngbānzú.	私は9時から5時まで働くサラリーマンです。
经过这件事，她的身心都受到了打击。 Jīngguò zhè jiàn shì, tā de shēnxīn dōu shòudàole dǎjī.	このことで、彼女は心身共にショックを受けました。
出来旅游就是为了放松身心。 Chūlai lǚyóu jiù shì wèile fàngsōng shēnxīn.	旅行に出てきたのは心身をリラックスさせるためです。
中国一共有 23 个省份。 Zhōngguó yígòng yǒu èrshisān ge shěngfèn.	中国には23の省があります。
广东省是全国 GDP 最高的省份。 Guǎngdōngshěng shì quánguó GDP zuì gāo de shěngfèn.	広東省は全国でGDPの最も高い省です。

655

室外
shìwài

名 室外、アウトドア

656

输赢
shūyíng

名 勝つか負けるか、勝敗

657

数
shù

名 数

658

孙女
sūnnǚ

名 孫娘

解説 大陸で、口語では“**孙女儿 sūnnǚr**”がよく用いられる

659

同桌
tóngzhuō

名（同じ机の）クラスメート

660

日 図

图
tú

名 写真、画像

冬季尽量不要在室外进行剧烈活动。 Dōngjì jǐnliàng búyào zài shìwài jìnxíng jùliè huódòng.	冬にはできる限り屋外で激しい運動をしないでください。
比起室内活动，孩子们更喜欢在室外玩儿。 Bǐqǐ shìnèi huódòng, háizimen gèng xǐhuan zài shìwài wánr.	室内での活動より、子どもたちは外で遊ぶほうが好きです。
他很看重输赢，每次比赛都拼尽全力。 Tā hěn kànzhòng shūyíng, měi cì bǐsài dōu pīnjìn quánlì.	彼は勝負にこだわるので、毎回の試合に全力を尽くしています。
这场比赛输赢第二，友谊第一。 Zhè chǎng bǐsài shūyíng dì èr, yǒuyì dì yī.	この試合は勝負は第二であり、友情が第一です。
二手车的价格根据公里数决定。 Èrshǒuchē de jiàgé gēnjù gōnglǐshù juédìng.	中古車の価格は走行距離によって定められます。
文章的好坏和字数没有直接的关系。 Wénzhāng de hǎohuài hé zìshù méiyǒu zhíjiē de guānxi.	文章の良し悪しは字数と直接の関係はありません。
刘奶奶说要介绍她的孙女给我认识。 Liú nǎinai shuō yào jièshào tā de sūnnǚ gěi wǒ rènshi.	劉お婆さんは自分の孫娘を僕に紹介すると言いました。
老李带着他孙女在散步。 Lǎo Lǐ dàizhe tā sūnnǚ zài sànbù.	李さんは孫娘を連れて散歩をしています。
我和她做了一学期的同桌。 Wǒ hé tā zuòle yì xuéqī de tóngzhuō.	彼女とひと学期同じ机で勉強した。
我的同桌今天生病了，所以没来学校。 Wǒ de tóngzhuō jīntiān shēngbìng le, suǒyǐ méi lái xuéxiào.	隣の席の同級生は今日病気で学校に来なかった。
这个图要变成立方的，就好看了。 Zhège tú yào biànchéng lìfāng de, jiù hǎokàn le.	この絵は立体的になれば、もっと綺麗でしょう。
图上就画了两只鸟儿。 Tú shang jiù huàle liǎng zhī niǎor.	絵には鳥が2羽描かれているだけです。

661	**外地** wàidì	名 よその土地
662	**网址** wǎngzhǐ	名 URL
663	**喜糖** xǐtáng	名 新郎新婦が配るお祝いの飴
664	**洗碗机** xǐwǎnjī	名 食器洗い機
665	**响声** xiǎngshēng	名 音
666	**小票** xiǎopiào	名 レシート

公司领导去外地调查了一个多月。 Gōngsī lǐngdǎo qù wàidì diàochále yí ge duō yuè.	会社の上司は1カ月余りよその土地に行って調査をしました。
儿子在外地的生活和学习，我完全放心。 Érzi zài wàidì de shēnghuó hé xuéxí, wǒ wánquán fàngxīn.	地方での息子の暮らしや勉強を、私は全然心配していません。
麻烦你把公司的网址发给我。 Máfan nǐ bǎ gōngsī de wǎngzhǐ fāgěi wǒ.	御社のウェブサイトのURLを送っていただけないでしょうか。
在名片的反面有我们公司的网址。 Zài míngpiàn de fǎnmiàn yǒu wǒmen gōngsī de wǎngzhǐ.	名刺の裏には弊社のウェブサイトURLがあります。
谢谢你的喜糖，祝你新婚快乐！ Xièxie nǐ de xǐtáng, zhù nǐ xīnhūn kuàilè!	お祝いのキャンディーありがとう、ご結婚おめでとうございます！
小王最近很忙，他忙着发结婚的喜糖。 Xiǎo Wáng zuìjìn hěn máng, tā mángzhe fā jiéhūn de xǐtáng.	王さんは最近とても忙しく、結婚のお祝いの飴を配るのにてんやわんやです。
我给妈妈买了一台洗碗机，她很喜欢。 Wǒ gěi māma mǎile yì tái xǐwǎnjī, tā hěn xǐhuan.	母に食器洗い機を買ってあげたら、とても気に入ってくれました。
我买了一台新的洗碗机，还不太会用。 Wǒ mǎile yì tái xīn de xǐwǎnjī, hái bú tài huì yòng.	新しい食器洗い機を買いましたが、使い方にまだ慣れていません。
响声很大，应该没有人听不见吧。 Xiǎngshēng hěn dà, yīnggāi méiyǒu rén tīngbujiàn ba.	音が大きいので、聞こえない人はいないでしょう。
他们欢呼的响声整栋楼的人都听见了。 Tāmen huānhū de xiǎngshēng zhěng dòng lóu de rén dōu tīngjiàn le.	彼らの歓呼の声は建物じゅうの全ての人に聞こえました。
没有小票是不能退换商品的。 Méiyǒu xiǎopiào shì bù néng tuìhuàn shāngpǐn de.	レシートがないと、商品の交換と返品ができません。
他把小票都收集起来，打算记账。 Tā bǎ xiǎopiào dōu shōujíqilai, dǎsuàn jì zhàng.	彼はレシートを集め、帳簿をつけようとしています。

667

小区

xiǎoqū

名 コミュニティ、団地

668

心

xīn

名 心

669

新手

xīnshǒu

名 初心者、ルーキー

670

鸭皮

yāpí

名 アヒルの皮

671

邀请信

yāoqǐngxìn

名 招待状

672

植物园

zhíwùyuán

名 植物園

这个小区设施很完善，适合老人小孩儿居住。 Zhège xiǎoqū shèshī hěn wánshàn, shìhé lǎorén xiǎoháir jūzhù.	この団地は設備が整っていて、お年寄りや子どもの居住に適している。
她在小区附近开了一家蛋糕店。 Tā zài xiǎoqū fùjìn kāile yì jiā dàngāodiàn.	彼女は団地の近くにケーキ屋さんをオープンした。
看着他委屈的表情，我产生了同情心。 Kànzhe tā wěiqu de biǎoqíng, wǒ chǎnshēngle tóngqíngxīn.	彼の打ちひしがれた表情を見て、私は同情心が芽生えました。
她经常参加献爱心活动，帮助有困难的人。 Tā jīngcháng cānjiā xiàn'àixīn huódòng, bāngzhù yǒu kùnnan de rén.	彼女はよく慈善活動に参加し、困っている人を助ける。
在这方面我还是新手，请你多多指教。 Zài zhè fāngmiàn wǒ háishi xīnshǒu, qǐng nǐ duōduō zhǐjiào.	この分野について、私はまだ新米ですので、どうぞよろしくお願いします。
新手上路会紧张是很正常的。 Xīnshǒu shànglù huì jǐnzhāng shì hěn zhèngcháng de.	新人が道に踏み出すことで緊張するのは当然のことです。
她把鸭皮和鸭肉分开来吃。 Tā bǎ yāpí hé yāròu fēnkāi lái chī.	彼女はダックの皮と肉を別々にして食べます。
鸭皮和白糖一起吃最好吃。 Yāpí hé báitáng yìqǐ chī zuì hǎochī.	ダックの皮はお砂糖と一緒に食べるのが一番美味しいです。
我写好了邀请信，就给你发传真过去。 Wǒ xiěhǎole yāoqǐngxìn, jiù gěi nǐ fā chuánzhēn guòqu.	招待状を書き終えたら、あなたにファックスで送ります。
参加活动当天需要出示邀请信。 Cānjiā huódòng dàngtiān xūyào chūshì yāoqǐngxìn.	活動に参加する当日に招待状を提示する必要があります。
星期天，我和朋友一块儿去了植物园。 Xīngqītiān, wǒ hé péngyou yíkuàir qùle zhíwùyuán.	日曜日に、友達と一緒に植物園へ行きました。
我妹妹就在那家植物园里工作。 Wǒ mèimei jiù zài nà jiā zhíwùyuán li gōngzuò.	うちの妹はあの植物園で働いています。

673	**纸条** zhǐtiáo	名 メモ、貼紙用紙
674	**住址** zhùzhǐ	名 住所
675	**准考证** zhǔnkǎozhèng	名 受験票
676	**做法** zuòfǎ	名 やり方、アプローチ
677	**办公** bàn//gōng	動（施設やサービスが）やっている、働く
678	**备** bèi	動 準備する

请把这个纸条递给主持人。 Qǐng bǎ zhège zhǐtiáo dìgěi zhǔchírén.	このメモを司会者にお渡しください。
我记得那张纸条粘贴在护照上了,可找不到了。 Wǒ jìde nà zhāng zhǐtiáo zhāntiēzài hùzhào shang le, kě zhǎobudào le.	あのメモはパスポートに貼ったことを覚えていますが、今見つからなくなりました。
请在纸上写下您的电话和住址。 Qǐng zài zhǐ shang xiěxià nín de diànhuà hé zhùzhǐ.	紙にお電話番号と住所を書いてください。
她什么也没说，留下她的住址就走了。 Tā shénme yě méi shuō, liúxià tā de zhùzhǐ jiù zǒu le.	彼女は何も言わずに、彼女の住所を置いて行った。
没带准考证的话不能进考场。 Méi dài zhǔnkǎozhèng dehuà bù néng jìn kǎochǎng.	受験票を持っていないなら、試験場に入ってはいけません。
快要考试了，我还没收到我的准考证。 Kuàiyào kǎoshì le, wǒ hái méi shōudào wǒ de zhǔnkǎozhèng.	もうすぐ試験になりますが、私はまだ受験票を受け取っていません。
我对他的做法不满。 Wǒ duì tā de zuòfǎ bùmǎn.	私は彼のやり方について、不満を持っています。
他的做法严重伤害了我们的感情。 Tā de zuòfǎ yánzhòng shānghàile wǒmen de gǎnqíng.	彼のやり方はひどく我々の感情を傷つけました。
领导准许我这几天可以在家办公。 Lǐngdǎo zhǔnxǔ wǒ zhè jǐ tiān kěyǐ zài jiā bàngōng.	上司はこの数日間在宅勤務を許可してくれました。
办公期间不可以处理私事。 Bàngōng qījiān bù kěyǐ chǔlǐ sīshì.	仕事の間に私的な事をしてはいけません。
她每次出门都会多备一些钱在身上。 Tā měi cì chūmén dōu huì duō bèi yìxiē qián zài shēnshang.	彼女は毎回出かけるとき、いつもお金を多めに用意して持って行く。
一个人住的话最好备两把钥匙。 Yí ge rén zhù dehuà zuìhǎo bèi liǎng bǎ yàoshi.	一人暮らしをするなら、鍵を2つ用意するほうがいいです。

動詞

BU～DA

679	**变** biàn	動 変化する、～になる
680	**不敢～** bùgǎn ~	動 あえて～しない、～する勇気がない
681	**步行** bùxíng	動 歩行する
682	**抽** chōu	動 引き出す、捻出する
683	**出行** chūxíng	動 外出する
684	**打包** dǎ//bāo	動 (食べものを) パックして持ち帰る

经过几次失败后，他们变得聪明起来了。 Jīngguò jǐ cì shībài hòu, tāmen biànde cōngmíngqilai le.	数回の失敗を経て、彼らは賢くなり始めました。
以前这条街道很窄，现在变宽了。 Yǐqián zhè tiáo jiēdào hěn zhǎi, xiànzài biànkuān le.	以前この街道はとても狭かったのですが、現在は広くなりました。
他的表情极其严肃，大家都不敢说话。 Tā de biǎoqíng jíqí yánsù, dàjiā dōu bùgǎn shuōhuà.	彼の表情がとても厳しいので、みな話しかける勇気がありません。
我不敢肯定他来不来。 Wǒ bùgǎn kěndìng tā lái bu lái.	彼が来るかどうか、私は断言できません。
一到周末，这条街就成了步行街。 Yí dào zhōumò, zhè tiáo jiē jiù chéngle bùxíngjiē.	週末になると、この通りは歩行者天国に変わります。
才走了两公里，孩子就不愿意步行了。 Cái zǒule liǎng gōnglǐ, háizi jiù bú yuànyì bùxíng le.	わずか2キロ歩いただけで、子どもはもう歩きたがらなくなりました。
她每天都会抽出20分钟学习中文。 Tā měitiān dōu huì chōuchū èrshí fēnzhōng xuéxí Zhōngwén.	彼女は毎日20分の時間を作って中国語の勉強をする。
你安心休息，我抽空儿再来看你。 Nǐ ānxīn xiūxi, wǒ chōukòngr zài lái kàn nǐ.	安心して休んでください。時間を見つけてまた来ます。
老人出行不便，最好有人陪同。 Lǎorén chūxíng búbiàn, zuì hǎo yǒu rén péitóng.	お年寄りは出かけるのが不便なので、誰かが付き添ったほうがいいです。
雨雪天出行要注意安全。 Yǔxuětiān chūxíng yào zhùyì ānquán.	雨や雪の日に出かけるには、安全に注意しなければなりません。
吃不完的话就打包带走吧。 Chībuwán dehuà jiù dǎbāo dàizǒu ba.	食べ切れなかったら、持ち帰りましょう。
打包需要收两元包装费。 Dǎbāo xūyào shōu liǎng yuán bāozhuāngfèi.	お持ち帰りは2元の包装費がかかります。

685	道 dào	動（話すという意味がある1字の動詞の後について）言う
686	得 dé	動 手に入れる、（病気）になる
687	定 dìng	動 定める
688	服务 fúwù	動 奉仕する、サービスをする
689	敢于～ gǎnyú ～	動 あえて～する
690	跟着 gēnzhe	動 ついていく　副 続いて、それから

他用疑问的语气问道："你真的同意了？" Tā yòng yíwèn de yǔqì wèndào:"Nǐ zhēn de tóngyì le?"	彼は疑っている口調で「本当に賛成していますか」と聞きました。
"不好意思，没事吧？" 小李说道。 "Bù hǎo yìsi, méishì ba?" Xiǎo Lǐ shuōdào.	「すみません、大丈夫ですか？」と李さんは言いました。
这种现象已经得到了科学上的解释。 Zhè zhǒng xiànxiàng yǐjīng dédàole kēxué shang de jiěshì.	このような現象については、すでに科学的な説明がなされています。
你得的是一种流行病。 Nǐ dé de shì yì zhǒng liúxíngbìng.	あなたがかかったのは一種の流行り病です。
这个合同定得太不平等了，我不能签。 Zhège hétong dìngde tài bù píngděng le, wǒ bù néng qiān.	この契約はあまりにも不平等なので、私は署名できません。
会议的时间、地点都已经定下来了。 Huìyì de shíjiān、dìdiǎn dōu yǐjīng dìngxialai le.	会議の時間と場所はもう全部決めました。
让顾客满意，是我们服务的宗旨。 Ràng gùkè mǎnyì, shì wǒmen fúwù de zōngzhǐ.	お客様を満足させることは我々のサービスが目指すところです。
我不太满意他们的服务态度。 Wǒ bú tài mǎnyì tāmen de fúwù tàidu.	私は彼らのサービス態度にあまり満足していません。
有时候要敢于冒险，才能成功。 Yǒu shíhou yào gǎnyú màoxiǎn, cái néng chénggōng.	時にはあえてリスクを冒さなければ成功できません。
青年人要敢于实践，不要怕失败。 Qīngniánrén yào gǎnyú shíjiàn, búyào pà shībài.	若者は大胆に実践に挑戦してください、失敗を恐れないで。
你悄悄地跟着他，别让他发现了。 Nǐ qiāoqiāo de gēnzhe tā, bié ràng tā fāxiàn le.	こっそり彼の後について行ってください、気づかれないように。
他辞职了，跟着，大家都陆陆续续也提出辞职。 Tā cízhí le, gēnzhe, dàjiā dōu lùlùxùxù yě tíchū cízhí.	彼は仕事を辞めました。それから、みんなも次々と辞職を申し入れました。

691	购 gòu	動 買う
692	关注 guānzhù	動 関心を寄せる　名 関心
693	光顾 guānggù	動 ご愛顧を賜る
694	光照 guāngzhào	動 光が照らす
695	活 huó	動 生きている 関 活儿 huór 仕事
696	获取 huòqǔ	動 手に入れる

购票之前最好确认一下个人信息是否正确。 Gòu piào zhīqián zuìhǎo quèrèn yíxià gèrén xìnxī shìfǒu zhèngquè.	チケットご購入の前に、個人情報が正しいかどうかをご確認ください。
他向银行申请了购房贷款。 Tā xiàng yínháng shēnqǐngle gòufáng dàikuǎn.	彼は銀行に住宅ローンを申請しました。
他的幽默感成功吸引了人们的关注。 Tā de yōumògǎn chénggōng xīyǐnle rénmen de guānzhù.	彼のユーモアはうまく人々の注目を引きつけました。
我时刻关注着这条新闻的动向。 Wǒ shíkè guānzhùzhe zhè tiáo xīnwén de dòngxiàng.	私はずっとこのニュースの動向に関心を寄せています。
我认识他，他经常光顾我们店。 Wǒ rènshi tā, tā jīngcháng guānggù wǒmen diàn.	彼を知っています。うちのお店によくお越しくださるので。
谢谢您光顾我们的店。 Xièxie nín guānggù wǒmen de diàn.	お越しいただきありがとうございます。
选房子的时候尽量选光照条件好的。 Xuǎn fángzi de shíhou jǐnliàng xuǎn guāngzhào tiáojiàn hǎo de.	家を選ぶとき、できるだけ日当たりのいいところを選んだほうがいいです。
这里光照充足，所以产出的水果也很好吃。 Zhèli guāngzhào chōngzú, suǒyǐ chǎnchū de shuǐguǒ yě hěn hǎochī.	ここは日当たりがいいので、取れた果物も美味しいです。
经过两小时的救助，小狗终于活下来了。 Jīngguò liǎng xiǎoshí de jiùzhù, xiǎo gǒu zhōngyú huóxialai le.	2時間の救助活動によって、子犬はとうとう助かりました。
我干了一天活儿，很累。 Wǒ gànle yì tiān huór, hěn lèi.	一日中働いて、とても疲れました。
现代社会获取信息的方法多种多样。 Xiàndài shèhuì huòqǔ xìnxī de fāngfǎ duō zhǒng duō yàng.	現代社会では、情報を手に入れる方法は様々です。
他靠智慧获取了这次比赛的冠军。 Tā kào zhìhuì huòqǔle zhè cì bǐsài de guànjūn.	彼は知恵でこの試合のチャンピオンになりました。

697	加油 jiā//yóu	動 頑張る
698	接下来 jiēxialai	動+方補 次に、続いて
699	开机 kāi//jī	動 起動する、スイッチを入れる
700	开通 kāitōng	動 開く、開通する
701	看重 kànzhòng	動 重視する
702	苦练 kǔliàn	動 厳しい練習をする

明天的比赛别紧张，加油！ Míngtiān de bǐsài bié jǐnzhāng, jiāyóu!	明日の試合は緊張しないで、頑張ってね！
这个项目就快做完了，加油！ Zhège xiàngmù jiù kuài zuòwán le, jiāyóu!	このプロジェクトはもうすぐ完了します。頑張りましょう。
接下来我们应该做什么呢？ Jiēxialai wǒmen yīnggāi zuò shénme ne?	次に、私たちは何をすべきでしょうか。
接下来的事就交给你了。 Jiēxialai de shì jiù jiāogěi nǐ le.	続きはあなたにお任せします。
这台电脑开机时需要输密码。 Zhè tái diànnǎo kāijī shí xūyào shū mìmǎ.	このパソコンは起動するとき、パスワードの入力が必要です。
等电池充满电，就可以开机了。 Děng diànchí chōngmǎn diàn, jiù kěyǐ kāijī le.	充電が終わったら、起動できます。
出国旅游最好开通手机国际漫游业务。 Chūguó lǚyóu zuìhǎo kāitōng shǒujī guójì mànyóu yèwù.	海外旅行はできれば、国際ローミングサービスを利用するほうがいいです。
我打算明天再去银行开通短信提醒业务。 Wǒ dǎsuàn míngtiān zài qù yínháng kāitōng duǎnxìn tíxǐng yèwù.	明日銀行へSMSリマインダーサービスの申し込みに行くつもりです。
他既优秀又认真，所以公司很看重他。 Tā jì yōuxiù yòu rènzhēn, suǒyǐ gōngsī hěn kànzhòng tā.	彼は優秀で真面目です。だから、会社に重んじられています。
他这个人不太看重物质。 Tā zhège rén bú tài kànzhòng wùzhì.	彼という人は物質的なものにあまりこだわりません。
学习任何一项技术都很难，都需要勤学苦练。 Xuéxí rènhé yí xiàng jìshù dōu hěn nán, dōu xūyào qínxué kǔliàn.	どんな技術を学ぶのも一筋縄ではいきません。一生懸命の努力と練習が必要です。
运动员们每天都要苦练几个小时。 Yùndòngyuánmen měitiān dōu yào kǔliàn jǐ ge xiǎoshí.	スポーツ選手たちは毎日何時間も訓練しなければなりません。

Track 118

703
拉动
lādòng
動引っ張る、動かす

704
乐于～
lèyú ~
動喜んで～する

705
面试
miànshì
動面接を受ける、面接の試験を受ける

706
签
qiān
動サインする

707
求助
qiúzhù
動助けを求める

708
取得
qǔdé
動得る、取る

电子支付的普及拉动了旅游业的发展。 Diànzǐ zhīfù de pǔjí lādòngle lǚyóuyè de fāzhǎn.	電子マネーの支払いの普及は観光業の発展を後押しした。
光靠政策拉动文化产业是不够的。 Guāng kào zhèngcè lādòng wénhuà chǎnyè shì búgòu de.	ただ政策だけで文化産業を後押しするのは不十分です。
他乐于助人的精神，非常值得我们学习。 Tā lèyú zhù rén de jīngshén, fēicháng zhíde wǒmen xuéxí.	彼の進んで人を助ける精神は、私たちが学ぶ価値のあるものです。
她很善良，乐于帮助有困难的人。 Tā hěn shànliáng, lèyú bāngzhù yǒu kùnnan de rén.	彼女は優しくて、進んで困っている人を助けます。
这次招聘分笔试和面试两部分。 Zhè cì zhāopìn fēn bǐshì hé miànshì liǎng bùfen.	今回の募集は筆記試験と面接試験に分かれています。
听说这家公司的面试非常严格。 Tīngshuō zhè jiā gōngsī de miànshì fēicháng yángé.	この会社の面接はとても厳しいそうです。
机票改签的话需要加收20%的手续费。 Jīpiào gǎiqiān dehuà xūyào jiā shōu bǎi fēn zhī èrshí de shǒuxùfèi.	航空券の変更には20%の手数料がかかります。
如果没意见，就签合同吧。 Rúguǒ méi yìjiàn, jiù qiān hétong ba.	もし意見がなかったら、契約書に署名しましょう。
遇到危险的话最好向警察求助。 Yùdào wēixiǎn dehuà zuìhǎo xiàng jǐngchá qiúzhù.	危険な目に遭ったら、警察に救助を求めるほうがいいです。
如果有什么问题可以随时拨打求助热线。 Rúguǒ yǒu shénme wèntí kěyǐ suíshí bōdǎ qiúzhù rèxiàn.	何か問題があれば、いつでも救助ホットラインに電話してください。
祝你在考试中取得好成绩。 Zhù nǐ zài kǎoshì zhōng qǔdé hǎo chéngjì.	試験でいい成績を取るようお祈りします。
我们取得了他的信任，跟他成了好朋友。 Wǒmen qǔdéle tā de xìnrèn, gēn tā chéngle hǎo péngyou.	私たちは彼の信頼を得て、彼と親友になった。

Track 119

709	热 rè	動温める、加熱する　形熱い、暑い
710	上门 shàng//mén	動訪問する
711	收费 shōu//fèi	動（費用を）徴収する　名費用、料金
712	收取 shōuqǔ	動集める、受け取る
713	书写 shūxiě	動書く
714	熟知 shúzhī	動熟知する

饭菜都凉了，最好热一下再吃。 Fàncài dōu liáng le, zuìhǎo rè yíxià zài chī.	食事が冷めてしまいました。温めて食べたほうがいいです。
她每天早上都会喝一杯热牛奶。 Tā měitiān zǎoshang dōu huì hē yì bēi rè niúnǎi.	彼女は毎朝ホットミルクを1杯飲みます。
上门服务需要加收费用。 Shàngmén fúwù xūyào jiā shōu fèiyòng.	出張サービスは追加費用が必要となります。
我预约了师傅明天上门修理。 Wǒ yùyuēle shīfu míngtiān shàngmén xiūlǐ.	明日修理に来てくれる人を予約しました。
超市里的塑料袋都是收费的。 Chāoshì li de sùliàodài dōu shì shōufèi de.	スーパーのビニール袋は有料です。
代办手续是需要收费的。 Dàibàn shǒuxù shì xūyào shōufèi de.	手続きの代行は有料です。
如果外带的话需要收取两元打包费。 Rúguǒ wàidài dehuà xūyào shōuqǔ liǎng yuán dǎbāofèi.	テイクアウトするなら、2元のパック料金が必要です。
现在人工收取停车费的停车场很少了。 Xiànzài réngōng shōuqǔ tíngchēfèi de tíngchēchǎng hěn shǎo le.	今、駐車料金を人の手で徴収する駐車場は少なくなりました。
下次上课需要自己带书写工具。 Xià cì shàngkè xūyào zìjǐ dài shūxiě gōngjù.	次回の授業は筆記具を持参する必要がある。
现代社会已经不太使用人工书写了。 Xiàndài shèhuì yǐjīng bú tài shǐyòng réngōng shūxiě le.	現代の社会はもうあまり手書きをしなくなっている。
因为这部作品，他被人们熟知。 Yīnwèi zhè bù zuòpǐn, tā bèi rénmen shúzhī.	この作品によって、彼はみんなに知られた。
她熟知我们每个人的情况。 Tā shúzhī wǒmen měi ge rén de qíngkuàng.	彼女は私たち1人ひとりの状況を把握している。

Track 120

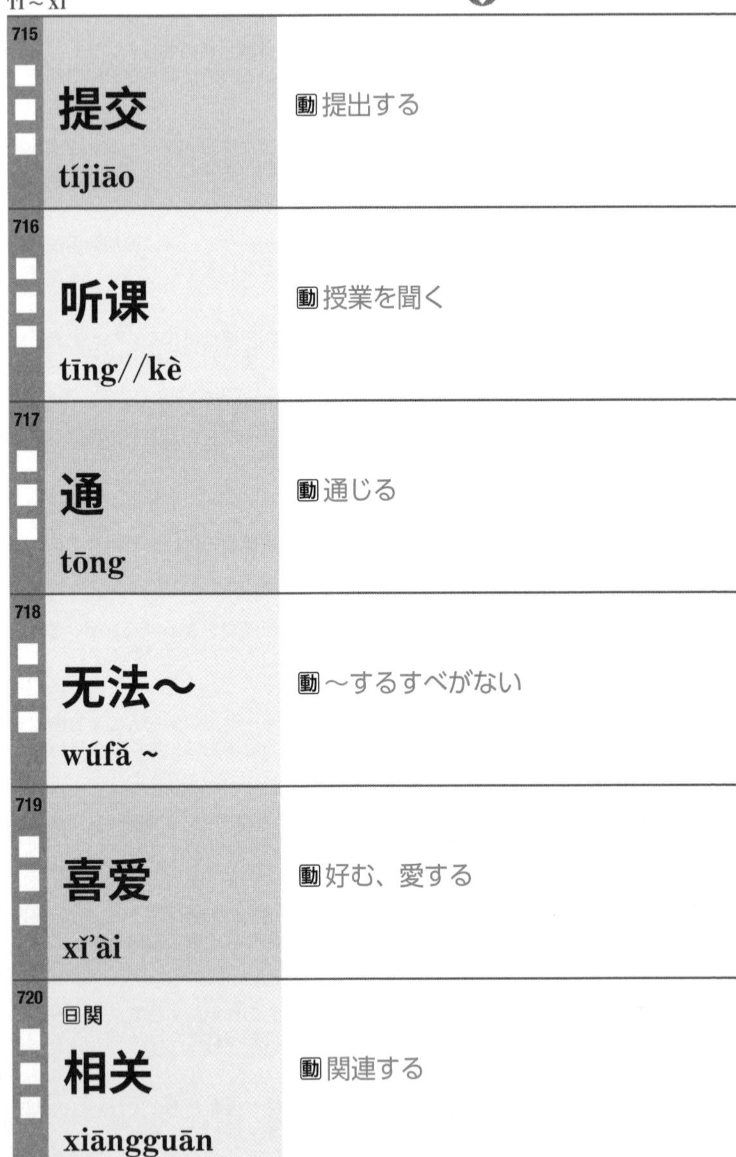

No.	単語	意味
715	**提交** tíjiāo	動 提出する
716	**听课** tīng//kè	動 授業を聞く
717	**通** tōng	動 通じる
718	**无法～** wúfǎ ~	動 ～するすべがない
719	**喜爱** xǐ'ài	動 好む、愛する
720	日関 **相关** xiāngguān	動 関連する

我们已经向法院提交了证据。 Wǒmen yǐjīng xiàng fǎyuàn tíjiāole zhèngjù.	私たちはすでに裁判所に証拠を提出した。
他检查都没检查就提交了。 Tā jiǎnchá dōu méi jiǎnchá jiù tíjiāo le.	彼はチェックもせずに提出した。
他听课很认真，所以考试经常得第一名。 Tā tīngkè hěn rènzhēn, suǒyǐ kǎoshì jīngcháng dé dì yī míng.	彼は授業態度が真面目なので、試験ではいつも一番をとっています。
学生不爱听课，老师应该想想办法。 Xuésheng bú ài tīngkè, lǎoshī yīnggāi xiǎngxiang bànfǎ.	学生が授業を聞きたがらなかったら、先生は何か方法を考えなければなりません。
刚才办公室占线，我没打通。 Gāngcái bàngōngshì zhànxiàn, wǒ méi dǎtōng.	さっき、事務所は電話中で、繋がらなかった。
这里男女平等，大男子主义是行不通的。 Zhèli nánnǚ píngděng, dànánzǐ zhǔyì shì xíngbutōng de.	ここは男女平等で、亭主関白は通じません。
他奔跑的速度之快，是一般人无法赶上的。 Tā bēnpǎo de sùdù zhī kuài, shì yìbānrén wúfǎ gǎnshàng de.	彼の走る速さは、一般の人では追いつけない。
我不懂英语，很多英文资料无法参考。 Wǒ bù dǒng Yīngyǔ, hěn duō Yīngwén zīliào wúfǎ cānkǎo.	私は英語が分からないので、多くの英文資料は参考にできません。
他的表演得到了广大人民群众的喜爱。 Tā de biǎoyǎn dédàole guǎngdà rénmín qúnzhòng de xǐ'ài.	彼のパフォーマンスは多くの人々にとても人気があります。
中国人很喜爱红色，因为红色喜庆。 Zhōngguórén hěn xǐ'ài hóngsè, yīnwèi hóngsè xǐqìng.	中国人は赤が好きです、なぜなら赤はお祝いの色だからです。
名演员都很努力了解人物相关的背景知识。 Míng yǎnyuán dōu hěn nǔlì liǎojiě rénwù xiāngguān de bèijǐng zhīshi.	名俳優はみな登場人物の背景知識を理解することに一生懸命だ。
他把相关人员都找来了解情况。 Tā bǎ xiāngguān rényuán dōu zhǎolai liǎojiě qíngkuàng.	彼は関係者全員を探して状況を調べました。

721
行车
xíngchē

動 運転する

722
修
xiū

動 修理する、建造する

723
有关
yǒuguān

動 関連がある／介 ～に関わる

コロ **与（跟）～有关 yǔ(gēn) ～ yǒuguān** ～と関係がある

724
有效
yǒuxiào

動 効果がある、効果的な

725
有着
yǒuzhe

動 持っている

726
约
yuē

動 会う約束をする

在高速公路上行车速度不能超过120公里。 Zài gāosù gōnglù shang xíngchē sùdù bù néng chāoguò yìbǎi èrshí gōnglǐ.	高速道路の時速は120キロを超えてはいけません。
行车规范可以减少交通事故的发生。 Xíngchē guīfàn kěyǐ jiǎnshǎo jiāotōng shìgù de fāshēng.	交通ルールは交通事故の発生を減らすことができる。
这座大桥已经修好了，下个月就可以通车。 Zhè zuò dàqiáo yǐjīng xiūhǎo le, xià ge yuè jiù kěyǐ tōngchē.	この橋はもう改修が終わっています。来月には開通する予定です。
我们家附近正在修地铁，以后交通就方便了。 Wǒmen jiā fùjìn zhèngzài xiū dìtiě, yǐhòu jiāotōng jiù fāngbiàn le.	我が家の近くには地下鉄を作っているので、これからは交通が便利になります。
我听说这件事与你有关，是真的吗？ Wǒ tīngshuō zhè jiàn shì yǔ nǐ yǒuguān, shì zhēn de ma?	このことはあなたと関係していると聞きましたが、本当ですか？
有关部门请做好相应的工作准备。 Yǒuguān bùmén qǐng zuòhǎo xiāngyìng de gōngzuò zhǔnbèi.	関係部門はしかるべき仕事の準備をしてください。
这份合同从明天开始才有效。 Zhè fèn hétong cóng míngtiān kāishǐ cái yǒuxiào.	この契約書は明日にならないと有効になりません。
请在有效日期内执行这份文件。 Qǐng zài yǒuxiào rìqī nèi zhíxíng zhè fèn wénjiàn.	有効期限内にこの書類を実施してください。
这些老工人有着丰富的实践经验。 Zhèxiē lǎo gōngrén yǒuzhe fēngfù de shíjiàn jīngyàn.	このベテラン作業員たちは豊富な実践経験があります。
两个地方有着相似的气候条件。 Liǎng ge dìfāng yǒuzhe xiāngsì de qìhòu tiáojiàn.	2つの地方には似たような気候条件があります。
我们约好在这里见面的，他还没来。 Wǒmen yuēhǎo zài zhèli jiànmiàn de, tā hái méi lái.	ここで会う約束をしましたが、彼はまだ来ていません。
遵守约定是与人交往的基本原则。 Zūnshǒu yuēdìng shì yǔ rén jiāowǎng de jīběn yuánzé.	約束を守ることは人と付き合う基本的な原則です。

Track 122

No.	語句	意味
727	造 zào	動 作る
728	增进 zēngjìn	動 増加促進する、増進する
729	增长 zēngzhǎng	動 増える、増やす
730	招 zhāo	動 招く
731	指出 zhǐchū	動 指摘する
732	长久 chángjiǔ	形（関係などが）長い

这座大楼是今年才造起来的。 Zhè zuò dàlóu shì jīnnián cái zàoqilai de.	このビルは今年出来上がったばかりです。
这个电子词典还有造句功能呢。 Zhège diànzǐ cídiǎn hái yǒu zàojù gōngnéng ne.	この電子辞書には文を作る機能もありますよ。
这项活动有利于增进亲子关系。 Zhè xiàng huódòng yǒulìyú zēngjìn qīnzǐ guānxi.	このイベントは親子の絆を強めるのに役立ちます。
为了取得信任,我们需要增进与他们的感情交流。 Wèile qǔdé xìnrèn, wǒmen xūyào zēngjìn yǔ tāmen de gǎnqíng jiāoliú.	信頼を得るために、私たちは彼らとの心のコミュニケーションを多くする必要がある。
我们公司的利润比去年增长了 20%。 Wǒmen gōngsī de lìrùn bǐ qùnián zēngzhǎngle bǎi fēn zhī èrshí.	私たちの会社の利益は去年より20%伸びました。
我们实现了经济的稳定增长。 Wǒmen shíxiànle jīngjì de wěndìng zēngzhǎng.	我々は安定した経済成長を実現しました。
那个孩子嘴很甜，很招人喜欢。 Nàge háizi zuǐ hěn tián, hěn zhāo rén xǐhuan.	あの子は甘え上手で、人に好かれています。
公司打算明年招一些新员工。 Gōngsī dǎsuàn míngnián zhāo yìxiē xīn yuángōng.	その企業は来年新しい従業員を採用する予定です。
这次大会指出了今后的工作方向。 Zhè cì dàhuì zhǐchūle jīnhòu de gōngzuò fāngxiàng.	今回の会議は今後の仕事の方向性を示しました。
有人能指出我的缺点,我觉得是一件高兴的事。 Yǒu rén néng zhǐchū wǒ de quēdiǎn, wǒ juéde shì yí jiàn gāoxìng de shì.	誰かが私の短所を指摘してくれるなんて、嬉しいことだと思います。
为了两国关系长久发展,签署了这份协议。 Wèile liǎngguó guānxi chángjiǔ fāzhǎn, qiānshǔle zhè fèn xiéyì.	両国の関係が長く発展するためにこの合意書に署名しました。
祝你们幸福永远，恩爱长久！ Zhù nǐmen xìngfú yǒngyuǎn, ēn'ài chángjiǔ!	末永いお幸せをお祈りします。

Track 123

No.	中国語	ピンイン	意味
733	迟	chí	形 遅い
734	大量	dàliàng	形 大量の
735	烦	fán	形 いらいらする、煩わしい
736	感人	gǎnrén	形 感動させる
737	快速	kuàisù	形 速い
738	美好	měihǎo	形 美しい

对不起，我来迟了。 Duìbuqǐ, wǒ láichí le.	すみません、遅れました。
你等他说完再说也不迟。 Nǐ děng tā shuōwán zài shuō yě bù chí.	あなたは彼が話し終わってから話しても遅くありません。
她一生创作了大量艺术作品。 Tā yìshēng chuàngzuòle dàliàng yìshù zuòpǐn.	彼女は一生に、たくさんの芸術作品を創作しました。
他热爱历史，阅读了这方面的大量书籍。 Tā rè'ài lìshǐ, yuèdúle zhè fāngmiàn de dàliàng shūjí.	彼は歴史が非常に好きで、この分野の本をたくさん読みました。
我最近心里很烦，说不上为什么。 Wǒ zuìjìn xīnlǐ hěn fán, shuōbushàng wèi shénme.	最近もやもやするのですが、なぜなのか言葉にできません。
工作很琐碎，但是他一点儿都不觉得烦。 Gōngzuò hěn suǒsuì, dànshì tā yìdiǎnr dōu bù juéde fán.	仕事はこまごまと煩雑ですが、彼は全然嫌だと思いません。
这情景太感人了，每个人都流下了眼泪。 Zhè qíngjǐng tài gǎnrén le, měi ge rén dōu liúxiàle yǎnlèi.	この情景はとても感動的で、誰もが涙を流しました。
这篇作文写得很生动，很感人。 Zhè piān zuòwén xiěde hěn shēngdòng, hěn gǎnrén.	この作文は生き生きと書かれていて、感動的です。
西北的广大地区正在快速发展中。 Xīběi de guǎngdà dìqū zhèngzài kuàisù fāzhǎn zhōng.	西北地方の広大な地域は急速に発展しています。
现在正是中国经济快速发展的时期。 Xiànzài zhèng shì Zhōngguó jīngjì kuàisù fāzhǎn de shíqī.	今は中国経済が急速に発展している時期です。
这是一个美好的愿望，希望将来能实现。 Zhè shì yí ge měihǎo de yuànwàng, xīwàng jiānglái néng shíxiàn.	これは美しい願いで、将来実現してほしいです。
青春时期是人生中最美好的阶段。 Qīngchūn shíqī shì rénshēng zhōng zuì měihǎo de jiēduàn.	青春時期は人生で一番美しい段階です。

No.	単語	意味
739	难听 nántīng	形 聞き心地の悪い
740	亲 qīn	形 親しい　動 キスする
741	全 quán	形 揃っている、完全な
742	全～ quán ~	形 ～全体
743	同样 tóngyàng	形 同じ
744	鲜美 xiānměi	形 美味しい

她骂了一句很难听的话。 Tā màle yí jù hěn nántīng de huà.	彼女は聞くに堪えない言葉でののしりました。
他那天说的话特别难听。 Tā nà tiān shuō dehuà tèbié nántīng.	あの日の彼の言葉はとても不愉快でした。
他是由奶奶带大的，所以和奶奶最亲。 Tā shì yóu nǎinai dàidà de, suǒyǐ hé nǎinai zuì qīn.	彼はお祖母さんに育てられたので、おばあちゃん子です。
他抱起了那个孩子，亲了一口。 Tā bàoqǐle nàge háizi, qīnle yì kǒu.	彼はその子を抱き上げて、キスしました。
这套书有八册，我手里只有六册，不全。 Zhè tào shū yǒu bā cè, wǒ shǒu li zhǐ yǒu liù cè, bù quán.	このシリーズの本は全部で8冊あるのですが、私の手元には6冊しかなく、揃っていません。
资料全了才能给您办手续。 Zīliào quánle cái néng gěi nín bàn shǒuxù.	書類が揃って初めて手続きができます。
全球变暖也许是破坏环境产生的后果。 Quánqiú biànnuǎn yěxǔ shì pòhuài huánjìng chǎnshēng de hòuguǒ.	地球温暖化は環境を破壊した結果かもしれません。
古老的长城非常著名，全世界都知道。 Gǔlǎo de Chángchéng fēicháng zhùmíng, quán shìjiè dōu zhīdao.	古代の万里の長城は非常に有名で、世界中に知られています。
看了这个故事，我跟你有同样的感受。 Kànle zhège gùshi, wǒ gēn nǐ yǒu tóngyàng de gǎnshòu.	この話を読んで、あなたと同じ感想を持ちました。
我们几个人都是做同样的工作。 Wǒmen jǐ ge rén dōu shì zuò tóngyàng de gōngzuò.	私たち何人かはみな同じ仕事をしている。
这道菜味道鲜美，我很爱吃。 Zhè dào cài wèidào xiānměi, wǒ hěn ài chī.	この料理は美味しくて、私は大好きです。
这是我吃过最鲜美的鱼。 Zhè shì wǒ chīguo zuì xiānměi de yú.	これは私が食べた中で最も新鮮な魚です。

Track 125

745	易 yì	形 簡単な
746	知名 zhīmíng	形 よく知られている
747	值钱 zhíqián	形 貴重な
748	准 zhǔn	形 正しい、ピントが合った
749	～感 ～ gǎn	接尾 ～感 関 "**美感 měigǎn**" 美感、"**幽默感 yōumògǎn**" ユーモア、"**节奏感 jiézòugǎn**" リズム感
750	～化 ～ huà	接尾 ～化

易碎物品尽量小心轻放。 Yìsuì wùpǐn jǐnliàng xiǎoxīn qīng fàng.	割れやすいものはできるだけ注意して取り扱ってください。
在法律案件中，证据的重要性是显而易见的。 Zài fǎlǜ ànjiàn zhōng, zhèngjù de zhòngyàoxìng shì xiǎn ér yì jiàn de.	訴訟事件では証拠の重要性は明らかです。
这个明星在海外并不是很知名。 Zhège míngxīng zài hǎiwài bìng bú shì hěn zhīmíng.	このスターは海外でそんなに有名ではありません。
他是本地知名的企业家。 Tā shì běndì zhīmíng de qǐyèjiā.	彼は地元で有名な企業家です。
老人手里还有一些股票，估计很值钱。 Lǎorén shǒu li hái yǒu yìxiē gǔpiào, gūjì hěn zhíqián.	この老人は手元に少し株を持っているようで、高い値で売れると推測されます。
这都是些不值钱的玩意儿，你随便拿吧。 Zhè dōu shì xiē bù zhíqián de wányìr, nǐ suíbiàn ná ba.	これはがらくたなので、好きなように持っていきなさい。
他看准机会射门，又进了一球。 Tā kànzhǔn jīhuì shèmén, yòu jìnle yì qiú.	彼はチャンスを狙ってシュートし、もう1ゴール決めました。
你说的真准，他果然来了。 Nǐ shuō de zhēn zhǔn, tā guǒrán lái le.	あなたの言ったとおり、彼はやはり来ました。
这家餐厅的菜不仅好吃，还很有美感。 Zhè jiā cāntīng de cài bùjǐn hǎochī, hái hěn yǒu měigǎn.	このレストランの料理は美味しいだけではなく、見た目も綺麗です。
我喜欢和像你这样有幽默感的人说话。 Wǒ xǐhuan hé xiàng nǐ zhèyàng yǒu yōumògǎn de rén shuōhuà.	あなたのようなユーモアのある人と話すのが好きです。
现在生产制造基本都自动化了。 Xiànzài shēngchǎn zhìzào jīběn dōu zìdònghuà le.	現在、生産及び製造は基本的に自動化しました。
农业要走现代化的道路，才能有更大发展。 Nóngyè yào zǒu xiàndàihuà de dàolù, cái néng yǒu gèng dà fāzhǎn.	農業は現代化の道を歩んでこそ、さらなる発展があります。

接尾辞

Track 126

No.	語句	意味
751	～间 ~ jiān	接尾 ～の間
752	～量 ~ liàng	接尾 ～量
753	～区 ~ qū	接尾 ～区
754	～性 ~ xìng	接尾 ～性
755	～温 ~ wēn	接尾 ～の温度
756	～者 ~ zhě	接尾 ～者、～する人

公司间的交流可以促进业务的进步。 Gōngsī jiān de jiāoliú kěyǐ cùjìn yèwù de jìnbù.	会社同士の交流は業務の進展を促すことができます。
民族间存在不同文化的交流碰撞是很常见的。 Mínzú jiān cúnzài bùtóng wénhuà de jiāoliú pèngzhuàng shì hěn chángjiàn de.	民族の間にカルチャーショックが存在するのはありふれたことです。
今年进口和出口的总量出现了不平衡的状态。 Jīnnián jìnkǒu hé chūkǒu de zǒngliàng chūxiànle bù pínghéng de zhuàngtài.	今年の輸入と輸出の総量は不均衡な状態になりました。
他休假了，所以我的工作量增加了。 Tā xiūjià le, suǒyǐ wǒ de gōngzuòliàng zēngjiā le.	彼が休暇を取ったので、私の仕事が増えました。
过了这条河就是自然保护区了。 Guòle zhè tiáo hé jiù shì zìrán bǎohùqū le.	この川を渡ったら、自然保護エリアになります。
我们可以在下一个服务区休息一下再走。 Wǒmen kěyǐ zài xià yí ge fúwùqū xiūxi yíxià zài zǒu.	次のサービスエリアで少し休憩を取ってから行ってもいいです。
这种管理方式能调动职工的积极性。 Zhè zhǒng guǎnlǐ fāngshì néng diàodòng zhígōng de jījíxìng.	この管理方式は従業員の積極性を引き出すことができます。
大家都感觉到了问题的严重性。 Dàjiā dōu gǎnjuédàole wèntí de yánzhòngxìng.	みんなは問題の深刻さを感じました。
这里春天的平均气温11度。 Zhèli chūntiān de píngjūn qìwēn shíyī dù.	ここでは、春の平均気温は11度です。
水温将保持在42度左右。 Shuǐwēn jiāng bǎochízài sìshi'èr dù zuǒyòu.	水温は42度ぐらいに保たれています。
这个项目的竞争者很多，我们要认真对待。 Zhège xiàngmù de jìngzhēngzhě hěn duō, wǒmen yào rènzhēn duìdài.	このプロジェクトのライバルは多いので、私たちは真剣に取り組まなければならない。
这个问题你应该去请教他，他是有名的研究者。 Zhège wèntí nǐ yīnggāi qù qǐngjiào tā, tā shì yǒumíng de yánjiūzhě.	この問題は彼に尋ねに行くべきです。彼は有名な研究者だからです。

Track 127

No.	語句	意味
757	**～长** ~ zhǎng	接尾 ～長
758	**便** biàn	副（～すると）すぐ ≒就 jiù
759	**大大** dàdà	副 大いに、大々的に
760	**将～** jiāng ~	副 ～するだろう
761	日 実際 **实际上** shíjìshang	副 実は
762	**特** tè	副 特別に

要养成孩子主动学习的习惯,不要靠家长逼着学。 Yào yǎngchéng háizi zhǔdòng xuéxí de xíguàn, búyào kào jiāzhǎng bīzhe xué.	子どもが進んで勉強する習慣をつけさせなければならず、親からの押し付けはやめるべきです。
校长经常鼓励我们要独立思考。 Xiàozhǎng jīngcháng gǔlì wǒmen yào dúlì sīkǎo.	校長先生はいつも私たちに自分で考えるよう励ましてくれる。
他如果问你，你便说不知道。 Tā rúguǒ wèn nǐ, nǐ biàn shuō bù zhīdào.	彼に聞かれたら、知らないと答えてください。
我还没开口他便走了。 Wǒ hái méi kāikǒu tā biàn zǒu le.	まだ私が口も開かないうちに、彼はもう行ってしまいました。
这几个月的旅游,大大丰富了我的经历。 Zhè jǐ ge yuè de lǚyóu, dàdà fēngfùle wǒ de jīnglì.	この数カ月の旅行で、私は多くの経験を積みました。
王老师的这番话大大增强了我的自信。 Wáng lǎoshī de zhè fān huà dàdà zēngqiáng le wǒ de zìxìn.	王先生のこの言葉は私の自信を大いに高めました。
明年将是希望之年、胜利之年。 Míngnián jiāng shì xīwàng zhī nián, shènglì zhī nián.	来年は希望の年、勝利の年になるでしょう。
本届奥运会将在我们国家举行。 Běn jiè Àoyùnhuì jiāng zài wǒmen guójiā jǔxíng.	今回のオリンピックはわが国で行うことになっています。
她看起来二十出头,实际上已经三十多岁了。 Tā kànqilai èrshí chūtóu, shíjìshang yǐjīng sānshí duō suì le.	彼女は見たところ20歳すぎのようですが、実際にはもう30歳を超えていました。
实际上你做的事我都知道。 Shíjìshang nǐ zuò de shì wǒ dōu zhīdao.	実は、あなたがやることを私は全て知っています。
这个职位是为你特设的。 Zhège zhíwèi shì wèi nǐ tè shè de.	このポジションはあなたのためにわざわざ設けました。
我们特为您准备了精美的礼物。 Wǒmen tè wèi nín zhǔnbèile jīngměi de lǐwù.	私たちはあなたに素敵なプレゼントをご用意いたしました。

Track 128

No.	語句	意味
763	以下 yǐxià	方 以下
764	～之后 ~ zhīhòu	方 ～の後
765	～之间 ~ zhījiān	方 ～の間
766	不可～ bùkě ~	助動 ～できない
767	可～ kě ~	助動 ～できる
768	列 liè	量 列

以下内容，请务必仔细阅读。 Yǐxià nèiróng, qǐng wùbì zǐxì yuèdú.	以下の内容について、ぜひ詳しくお読みください。
考试六十分以下视为不及格。 Kǎoshì liùshí fēn yǐxià shìwéi bù jígé.	試験は60点以下が不合格と見なされます。
他看过之后，仍然放回了原来的地方。 Tā kànguo zhīhòu, réngrán fànghuíle yuánlái de dìfang.	彼は見てから、また元の場所に戻しました。
你见过他之后，再来找我吧。 Nǐ jiànguo tā zhīhòu, zài lái zhǎo wǒ ba.	彼に会ったら、また私に会いに来てください。
他们之间建立了很深的友谊。 Tāmen zhījiān jiànlìle hěn shēn de yǒuyì.	彼らの間には深い友情が築かれました。
这两个城市之间的距离是400公里。 Zhè liǎng ge chéngshì zhījiān de jùlí shì sìbǎi gōnglǐ.	この2つの都市間の距離は400キロです。
他这种人不可交朋友。 Tā zhè zhǒng rén bùkě jiāo péngyou.	彼のような人とは友達になれません。
刚学游泳，喝几口水是不可避免的。 Gāng xué yóuyǒng, hē jǐ kǒu shuǐ shì bùkě bìmiǎn de.	水泳を習い始めたばかりの頃、何度か水を飲むのは避けられません。
这地方没什么可逛的。 Zhè dìfang méi shénme kě guàng de.	このあたりには遊び歩くところがありません。
我和他没什么可说的。 Wǒ hé tā méi shénme kě shuō de.	彼とはもう話すことはありません。
判断下列句子的说法是否正确。 Pànduàn xià liè jùzi de shuōfǎ shìfǒu zhèngquè.	次の文の言い方が正しいかどうか判断してください。
我不明白这一列数字的含义。 Wǒ bù míngbai zhè yí liè shùzì de hányì.	この1列の数字の意味が分かりません。

769	声 shēng	量声を出す回数を数える　名声、音
770	于～ yú ~	助～で、～に
771	怎样 zěnyàng	疑どうやって
772	对着～ duìzhe ~	介～に対面して
773	此 cǐ	代これ、それ
774	白底 bái dǐ	フ白地

他忽然大叫一声，吓了我一跳。 Tā hūrán dà jiào yì shēng, xiàle wǒ yí tiào.	彼は急に大声を出して、私をびっくりさせました。
医院内禁止大声喧哗。 Yīyuàn nèi jìnzhǐ dàshēng xuānhuá.	病院では大声で騒ぐことが禁止されています。
她出生于上世纪90年代末。 Tā chūshēngyú shàng shìjì jiǔshí niándài mò.	彼女は1990年代の末に生まれた。
散步有利于身体健康，这是大家普遍的看法。 Sànbù yǒulìyú shēntǐ jiànkāng, zhè shì dàjiā pǔbiàn de kànfǎ.	散歩は健康にいい。これはみんなの共通の認識です。
无论怎样形容她的美丽都不过分。 Wúlùn zěnyàng xíngróng tā de měilì dōu bú guòfèn.	どんな言葉で彼女の美貌を説明しても言い過ぎということはありません。
他做事没有原则，想怎样就怎样。 Tā zuòshì méiyǒu yuánzé, xiǎng zěnyàng jiù zěnyàng.	彼は何かをするときに原則がなく、思ったことをそのままやります。
我姐在对着镜子打扮自己。 Wǒ jiě zài duìzhe jìngzi dǎbàn zìjǐ.	姉は鏡に向かって、おめかししています。
她对着窗外在自言自语。 Tā duìzhe chuāngwài zài zì yán zì yǔ.	彼女は窓の外に向かって独り言を言っています。
此时的天空特别明亮、干净。 Cǐshí de tiānkōng tèbié míngliàng, gānjìng.	今の空はとても明るくて澄み渡っています。
我想去中国旅游，此外还想去亚洲其他国家。 Wǒ xiǎng qù Zhōngguó lǚyóu, cǐwài hái xiǎng qù Yàzhōu qítā guójiā.	中国に旅行したい。またアジアのほかの国にも行きたい。
证件照片必须是白底的。 Zhèngjiàn zhàopiàn bìxū shì bái dǐ de.	証明写真のバックは必ず白でなければならない。
白底黑字的设计让人一目了然。 Bái dǐ hēi zì de shèjì ràng rén yí mù liǎo rán.	白地に黒い文字のデザインは一目瞭然です。

No.	語句	意味
775	**别提~了** biétí ~ le	フ ~は言うまでもない、~ったらない
776	**并不(没) ~** bìng bù (méi) ~	フ けっして~ない、必ずしも~ない
777	**穿衣** chuānyī	フ 服装
778	**从~起** cóng ~ qǐ	フ ~から
779	**冬暖夏凉** dōng nuǎn xià liáng	フ 冬は暖かく、夏は涼しい
780	**各种各样** gè zhǒng gè yàng	フ 様々な

别提睡觉了，连饭都没时间吃。 Biétí shuìjiào le, lián fàn dōu méi shíjiān chī.	寝ることは言うまでもなく、ご飯を食べる時間さえありませんでした。
你回来了，她别提多高兴了。 Nǐ huílai le, tā biétí duō gāoxìng le.	あなたが帰ってきたので、彼女の喜びようときたら、言うまでもありません。
他虽然退休了，但并不感到孤单。 Tā suīrán tuìxiū le, dàn bìng bù gǎndào gūdān.	彼は定年退職しましたが、孤独とは感じていないようです。
这件事并没有想象中那么严重。 Zhè jiàn shì bìng méiyǒu xiǎngxiàng zhōng nàme yánzhòng.	このことは思うほどひどくないようです。
她穿衣有自己的风格，不跟着时尚走。 Tā chuānyī yǒu zìjǐ de fēnggé, bù gēnzhe shíshàng zǒu.	彼女のファッションには自分のスタイルがあり、流行に走らない。
我每个月除了穿衣、吃饭，还要还贷款。 Wǒ měi ge yuè chúle chuānyī、chīfàn, hái yào huán dàikuǎn.	私は毎月洋服代、食事代を払うほか、ローンの返済もしなければならない。
从那天起，他就再也没有出现过了。 Cóng nà tiān qǐ, tā jiù zài yě méiyǒu chūxiànguo le.	あの日から、彼は二度と現れませんでした。
从成为演员的那天起，她就换了姓名。 Cóng chéngwéi yǎnyuán de nà tiān qǐ, tā jiù huànle xìngmíng.	女優になったその日から、彼女は名前を変えました。
这里冬暖夏凉，很适合度假。 Zhèli dōng nuǎn xià liáng, hěn shìhé dùjià.	ここは冬暖かく、夏涼しくて、行楽にぴったりです。
冬暖夏凉的气候使这座城市受游客欢迎。 Dōng nuǎn xià liáng de qìhòu shǐ zhè zuò chéngshì shòu yóukè huānyíng.	冬暖かく、夏涼しい気候のため、この都市は観光客に人気があります。
对于未来，人们有各种各样的幻想。 Duìyú wèilái, rénmen yǒu gè zhǒng gè yàng de huànxiǎng.	未来に対して、人々は様々な幻想を持っている。
豆腐有各种各样的做法。 Dòufu yǒu gè zhǒng gè yàng de zuòfǎ.	豆腐はいろんな調理法があります。

781	**获奖** huò jiǎng	フ 受賞する
782	**既~又(也)…** jì ~ yòu (yě)…	フ ～で…だ
783	**没用** méi yòng	フ 役に立たない
784	**能否** néng fǒu	フ ～かどうか
785	**上电视** shàng diànshì	フ テレビに出る
786	**稍等** shāo děng	フ ちょっと待つ

你能谈谈你获奖以后的感受吗? Nǐ néng tántan nǐ huò jiǎng yǐhòu de gǎnshòu ma?	受賞した後の感想を聞かせてもらえますか。
他拍的这部故事片获奖了。 Tā pāi de zhè bù gùshipiàn huò jiǎng le.	彼が監督したこの劇映画は賞を取りました。
既要重视农业，又要重视工业。 Jì yào zhòngshì nóngyè, yòu yào zhòngshì gōngyè.	農業を重んじると同時に、工業も重んじなければなりません。
既要看到自己的优点，也要看到自己的不足。 Jì yào kàndào zìjǐ de yōudiǎn, yě yào kàndào zìjǐ de bùzú.	自分のよい所も目に止め、自分の足りない所も見逃さないようにしなければなりません。
合同已经签了，后悔也没用了。 Hétong yǐjīng qiān le, hòuhuǐ yě méi yòng le.	契約はもう結びました。後悔しても無駄です。
她很喜欢购物，经常买回很多没用的东西。 Tā hěn xǐhuan gòuwù, jīngcháng mǎihuí hěn duō méi yòng de dōngxi.	彼女は買い物が大好きで、しょっちゅう役に立たないものを買ってきます。
对于能否成功，他显得有些信心不足。 Duìyú néng fǒu chénggōng, tā xiǎnde yǒuxiē xìnxīn bùzú.	成功できるかどうか、彼はいささか自信がないようです。
这次考试能否合格，就看你复习得怎么样了。 Zhè cì kǎoshì néng fǒu hégé, jiù kàn nǐ fùxíde zěnmeyàng le.	今回の試験に合格できるかどうかは、あなたがどれだけ復習するかにかかっています。
他打算带着自己的母亲上电视。 Tā dǎsuàn dàizhe zìjǐ de mǔqin shàng diànshì.	彼は自分の母親を連れて、テレビに出演するつもりです。
他的父亲经常上电视发表讲话。 Tā de fùqin jīngcháng shàng diànshì fābiǎo jiǎnghuà.	彼のお父さんはよくテレビに出て発言します。
护士在给病人打针，您稍等一下。 Hùshi zài gěi bìngrén dǎzhēn, nín shāo děng yíxià.	看護師は病人に注射を打っています。少々お待ちください。
你稍等，我去给你倒杯茶来。 Nǐ shāo děng, wǒ qù gěi nǐ dào bēi chá lái.	少々お待ちください。お茶を入れてきます。

Track 132

No.	語句	意味
787	售票 shòu piào	フ チケットを売る
788	睡过头 shuì guòtóu	フ 寝坊する、寝過ごす
789	~死了 ~ sǐ le	フ 死ぬほど~だ
790	酸甜苦辣 suān tián kǔ là	フ 様々な味、人生の苦楽
791	向~学习 xiàng ~ xuéxí	フ ~から学ぶ
792	小小 xiǎoxiǎo	フ とても小さい

退票的话，你最好到售票处问问。 Tuìpiào dehuà, nǐ zuìhǎo dào shòupiàochù wènwen.	払い戻してもらうなら、切符売り場で聞いたほうがいいです。
售票网站将在0点开始售票。 Shòupiào wǎngzhàn jiāng zài líng diǎn kāishǐ shòu piào.	切符の販売サイトは夜12時から切符の販売を開始します。
我早上睡过头了，所以来晚了。 Wǒ zǎoshang shuì guòtóu le, suǒyǐ láiwǎn le.	朝寝過ごしたので、遅れました。
他特意设置了两个闹钟，防止睡过头。 Tā tèyì shèzhìle liǎng ge nàozhōng, fángzhǐ shuì guòtóu.	彼はわざわざ目覚まし時計を2つセットしました。寝坊を防止するためです。
今天跑了十公里，累死了。 Jīntiān pǎole shí gōnglǐ, lèisǐ le.	今日は10キロも走って、疲れ果てています。
赶快吃饭吧，我都快饿死了。 Gǎnkuài chī fàn ba, wǒ dōu kuài èsǐ le.	早くご飯を食べましょう。お腹がペコペコです。
他小小年纪就尝遍了生活的酸甜苦辣。 Tā xiǎoxiǎo niánjì jiù chángbiànle shēnghuó de suān tián kǔ là.	彼は幼い年ごろからすでに酸いも甘いも舐め尽くしています。
独立生活以后才懂得了生活的酸甜苦辣。 Dúlì shēnghuó yǐhòu cái dǒngdele shēnghuó de suān tián kǔ là.	一人暮らしになってから、初めて生活の大変さが分かりました。
我要向姐姐学习，也做一个优秀的人。 Wǒ yào xiàng jiějie xuéxí, yě zuò yí ge yōuxiù de rén.	私も姉を見習って、立派な人になります。
大家要向小王学习，乐于助人。 Dàjiā yào xiàng Xiǎo Wáng xuéxí, lèyú zhùrén.	みんな王さんにならって、進んで人助けをしましょう。
他小小年纪，怎么承受得了这种打击呢？ Tā xiǎoxiǎo niánjì, zěnme chéngshòudeliǎo zhè zhǒng dǎjī ne?	彼はこんな小さな歳で、こんなショックに耐えられるものでしょうか。
一个小小的表情透露了她的心声。 Yí ge xiǎoxiǎo de biǎoqíng tòulùle tā de xīnshēng.	ほんのわずかな表情が彼女の心の声を表していました。

793
以～为…
yǐ ~ wéi…
フ～を…とする

794
有说有笑
yǒu shuō yǒu xiào
フにぎやかに楽しく談笑する

795
有误
yǒu wù
フ間違った、間違いがある

796
遇事
yù shì
フ困ったことが起こる、問題にぶつかる

797
原来是这样
yuánlái shì zhèyàng
フそうだったんですね
≒原来如此 yuánlái rúcǐ

798
在～中
zài ~ zhōng
フ～で

我以姐姐为榜样，向她学习。 Wǒ yǐ jiějie wéi bǎngyàng, xiàng tā xuéxí.	私は姉を手本にし、彼女に学びます。
以大米为主食的国家不少，比如日本。 Yǐ dàmǐ wéi zhǔshí de guójiā bù shǎo, bǐrú Rìběn.	米を主食にする国は少なくありません。例えば日本です。
他有说有笑，看起来很高兴。 Tā yǒu shuō yǒu xiào, kànqilai hěn gāoxìng.	彼はしゃべったり笑ったりして、楽しそうです。
她们有说有笑的，看起来很开心的样子。 Tāmen yǒu shuō yǒu xiào de, kànqilai hěn kāixīn de yàngzi.	彼女らは喋ったり笑ったりして、楽しそうな様子です。
今天的天气预报有误。 Jīntiān de tiānqì yùbào yǒu wù.	今日の天気予報は外れた。
她留的电话号码有误，完全打不通。 Tā liú de diànhuà hàomǎ yǒu wù, wánquán dǎbutōng.	彼女が残した電話番号は間違っていて、全然通じません。
她是个沉稳的人，遇事从不慌张。 Tā shì ge chénwěn de rén, yù shì cóng bù huāngzhāng.	彼女は落ち着いた人で、困ったことがあっても慌てたことがありません。
遇事不冷静是我的弱点之一。 Yù shì bù lěngjìng shì wǒ de ruòdiǎn zhī yī.	困ったことがあると冷静になれないのは私の弱点の1つです。
事情原来是这样，我错怪他了！ Shìqing yuánlái shì zhèyàng, wǒ cuòguài tā le!	なるほどそういうことだったのですね。彼のことを誤解していました。
原来是这样，你应该早点儿告诉我。 Yuánlái shì zhèyàng, nǐ yīnggāi zǎodiǎnr gàosu wǒ.	なるほどそういうことでしたか、早く教えてくださればいいのに。
在这次活动中，班长起了积极作用。 Zài zhè cì huódòng zhōng, bānzhǎng qǐle jījí zuòyòng.	今回の活動では、学級委員は積極的な役割を果たしました。
在香蕉、苹果等水果中含有丰富的维生素。 Zài xiāngjiāo, píngguǒ děng shuǐguǒ zhōng hányǒu fēngfù de wéishēngsù.	バナナやリンゴなどのような果物には豊富なビタミンが含まれています。

Track 134

799

真情实感

zhēnqíng shígǎn

フ 偽りのない実感

800

租车公司

zūchē gōngsī

フ レンタカー会社

我说的这些话都是真情实感的。 Wǒ shuō de zhèxiē huà dōu shì zhēnqíng shígǎn de.	私が言ったことは全部真実で、実感した話です。
我在给她的信里写下自己的真情实感。 Wǒ zài gěi tā de xìn li xiěxià zìjǐ de zhēnqíng shígǎn.	私は彼女への手紙の中に、自分の本当の気持ちを書いてある。
我经常在这家租车公司租车。 Wǒ jīngcháng zài zhè jiā zūchē gōngsī zū chē.	私はよくこのレンタカー会社で車を借りています。
最近有一些租车公司因经营不善，倒闭了。 Zuìjìn yǒu yìxiē zūchē gōngsī yīn jīngyíng búshàn, dǎobì le.	最近、レンタカー会社がいくつか経営難で倒産しました。

重组默认词

シラバスでは、指定されている語句以外にも紹介されている語句があり、本ページではそのうち、指定語句の一部を組み合わせてできる語句（重组默认词）をご紹介いたします。

なお、本書の「第２章 頻出語句」で見出し語として収録している語句については★マークをつけました。

保修期 bǎoxiūqī 保証期間
餐桌 cānzhuō ダイニングテーブル
茶叶 cháyè 茶葉
长处 chángchu 強み
车窗 chēchuāng 車の窓
车速 chēsù 車のスピード
成败 chéngbài 成功と失敗
★**乘客** chéngkè 乗客
传真机 chuánzhēn jī ファックス機
存放 cúnfàng 預け入れる
打败 dǎbài 倒す
打印机 dǎyìnjī プリンター
大海 dàhǎi 海
电视剧 diànshìjù テレビドラマ
★**房租** fángzū 家賃
肥胖 féipàng 太っている
丰富多彩 fēngfù duōcǎi 多種多様な、多彩な
风速 fēngsù 風速
服务区 fúwùqū サービスエリア
父母 fùmǔ 両親
付费 fùfèi 支払う
复印机 fùyìnjī コピー機
富有 fùyǒu リッチな
购买 gòumǎi 買う
观看 guānkàn 観覧する
海水 hǎishuǐ 海水
寒冷 hánlěng 寒い
坏处 huàichù 欠点
★**环保** huánbǎo 環境保護
货物 huòwù 貨物
★**获取** huòqǔ 手に入れる
加倍 jiābèi 倍加する
加入 jiārù 参加する
价钱 jiàqián 価格
减轻 jiǎnqīng 軽減する
奖学金 jiǎngxuéjīn 奨学金
降价 jiàngjià 価格が下がる
降温 jiàngwēn 気温が下がる
交谈 jiāotán 話し合う
金钱 jīnqián お金
进入 jìnrù 入る
★**景点** jǐngdiǎn 見どころ
警察局 jǐngchá jú 警察署
举例 jǔlì 例を挙げる

★科技 kējì テクノロジー
快速 kuàisù 速い
垃圾袋 lèsè dài ゴミ袋
礼拜六 lǐbài liù 土曜日
例子 lìzi 例
留言 liúyán メッセージを残す
旅程 lǚchéng 旅
★美好 měihǎo 美しい
美景 měijǐng 絶景
美味 měiwèi 美味しい
能够 nénggòu できる
★女性 nǚxìng 女性
牌子 páizi ブランド
气温 qìwēn 気温
亲情 qīnqíng 愛情
★取得 qǔdé 獲得する
全身 quánshēn 全身
入睡 rùshuì 眠りに落ちる
入学 rùxué 入学する
山区 shānqū 山間地帯
商场 shāngchǎng ショッピングモール
时速 shísù 時速
售票员 shòupiàoyuán 切符売り、バスの車掌
树叶 shùyè 葉っぱ
★孙女 sūnnǚ 孫娘
谈话 tánhuà 話す
谈论 tánlùn ～について話す
★提交 tíjiāo 提出する
体温 tǐwēn 体温
听众 tīngzhòng 聴衆
停车 tíngchē 駐車場
停止 tíngzhǐ やめる、止める
网页 wǎngyè ウェブページ
★网址 wǎngzhǐ URL
午餐 wǔcān 昼食
细心 xìxīn 慎重に
下降 xiàjiàng 落とす
香味 xiāngwèi 香り
信箱 xìnxiāng メールボックス
选购 xuǎn gòu 選んで買う
选取 xuǎnqǔ 選択する
研究生 yánjiūshēng 大学院生
用处 yòngchù 使いどころ
友情 yǒuqíng 友情
原价 yuánjià 元の価格
暂停 zàntíng 一時停止
增多 zēngduō 増加する
★增进 zēngjìn 深める
★增长 zēngzhǎng 増加する
★之后 zhīhòu の後
★之间 zhī jiān の間
之前 zhīqián の前に
之所以 zhī suǒyǐ ～なのは…だからだ
★指出 zhǐchū 指摘する
★住址 zhùzhǐ 住所
租金 zūjīn 貸借料
做梦 zuòmèng 夢を見る

試験にでる固有名詞と呼称（特例词）

シラバスでは、指定されている語句以外にも紹介されている語句があります。本ページでは、著名な映画のタイトルや曲名、地名や中国に多い人名といった、試験にでる固有名詞と呼称（特例词）をご紹介いたします。

※一般的な訳がない語句については、独自に翻訳しています

内容	特例詞	ピンイン	意味
イベント	电影艺术节	diànyǐng yìshùjíe	映画芸術祭
イベント	红叶节	hóngyè jié	紅葉まつり
イベント	亚洲艺术节	Yàzhōu yìshùjié	アジア芸術祭
映画名	《北京爱情故事》	《Běijīng Àiqíng Gùshi》	『北京ラブストーリー』
映画名	《海洋馆的约会》	《Hǎiyángguǎn De Yuēhuì》	『水族館デート』
映画名	《勇敢的心》	《Yǒnggǎn De Xīn》	『ブレイブハート』
街道	南京路 106 号	Nánjīng Lù 106 hào	南京 106 番道路
ホテル	世纪宾馆	Shìjì Bīnguǎn	センチュリーホテル
曲名	《长江之歌》	《Cháng Jiāng Zhī Gē》	『長江の歌』
曲名	《走四方》	《Zǒu Sìfāng》	『カルテット』
空港	首都机场	Shǒudū Jīchǎng	首都空港
橋の名称	长江大桥	Cháng Jiāng Dà Qiáo	長江大橋
劇場	国家大剧院	Guójiā Dà Jùyuàn	国立劇場
祭日	“六一” 儿童节	“Liù-Yī” Értóngjié	こどもの日

内容	特例詞	ピンイン	意味
植物名	爬山虎	páshānhǔ	クリーパー
書籍名	《红楼梦》	《Hónglóu Mèng》	『紅楼夢』
書籍名	《寄小读者》	《Jì Xiǎo Dúzhě》	『小さき読者へ』
書籍名	《十万个为什么》	《Shíwàn Ge Wèishénme》	『10万の理由』
書籍名	《现代汉语词典》	《Xiàndài Hànyǔ Cídiǎn》	現代漢語辞典
書籍名	《周公解梦》	《Zhōugōng Jiě Mèng》	『周公解夢』
体育館	首都体育馆	Shǒudū Tǐyùguǎn	首都体育館
大学名	民族大学	Mínzú Dàxué	民族大学
番組名	《人与自然》	《Rén Yǔ Zìrán》	『人間と自然』
山の名称	长白山	Chángbái Shān	長白山
山の名称	香山	Xiāng Shān	香山
地名	广东	Guǎngdōng	広東
地名	海南	Hǎinán	海南
地名	江西省	Jiāngxī Shěng	江西省
地名	九江市	Jiǔjiāng Shì	九江市
地名	丽江	Lìjiāng	麗江
地名	南京市	Nánjīng Shì	南京市
地名	三亚	Sānyà	三亜
地名	山西	Shānxī	山西
地名	上海	Shànghǎi	上海

内容	特例詞	ピンイン	意味
地名	西安	Xī'ān	西安
地名	西山森林公园	Xīshān Sēnlín Gōngyuán	西山森林公園
地名	西直门	Xīzhí Mén	シージメン
地名	云南	Yúnnán	雲南
名前	冰心	Bīngxīn	冰心（作家）
名前	李洋	Lǐ Yáng	李洋
名前	王小帅	Wáng Xiǎoshuài	王小帥
呼称	小云	xiǎoyún	ユンさん
呼称	黄奶奶	Huáng nǎinai	ホァンおばあちゃん
呼称	李博士	Lǐ bóshì	リー博士
呼称	马记者	Mǎ jìzhě	マー記者
呼称	孙师傅	Sūn shīfù	ソンさん
呼称	汤教授	Tāng jiàoshòu	タン教授
呼称	王护士	Wáng hù shì	ワン看護師
呼称	小林	Xiǎo Lín	リンさん
呼称	幽默大师	yōumò dàshī	ユーモアの達人
呼称	张大夫	Zhāng dàfū	チャンドクター

a
爱情 àiqíng……14
安排 ānpái……88
安全 ānquán……148
按时 ànshí……178
按照～ ànzhào ~……204

b
百分之～
bǎi fēn zhī ~……210
棒 bàng……148
包子 bāozi……14
保护 bǎohù……88
保证 bǎozhèng……88
报名 bào//míng……90
抱 bào……88
抱歉 bàoqiàn……148
倍 bèi……200
本来 běnlái……148
笨 bèn……148
比如 bǐrú……192
毕业 bì//yè……90
遍 biàn……200
标准 biāozhǔn……14
表格 biǎogé……14
表示 biǎoshì……90
表演 biǎoyǎn……90
表扬 biǎoyáng……90
饼干 bǐnggān……14
并且 bìngqiě……192
博士 bóshì……14
不得不～
bù dé bù ~……210
不管～ bùguǎn ~……194
不过 búguò……194
不仅～ bùjǐn ~……194
部分 bùfen……16

c
擦 cā……90
猜 cāi……92
材料 cáiliào……16
参观 cānguān……92
餐厅 cāntīng……16
厕所 cèsuǒ……16
差不多 chàbuduō……180
长城 Chángchéng……16
长江 Cháng Jiāng……16
场 chǎng……200
超过 chāoguò……92
成功 chénggōng……92
成为 chéngwéi……92
诚实 chéngshí……150
乘坐 chéngzuò……92
吃惊 chī//jīng……94
重新 chóngxīn……180
抽烟 chōu//yān……94
出差 chū//chāi……94
出发 chūfā……94
出生 chūshēng……94
出现 chūxiàn……94
厨房 chúfáng……18
传真 chuánzhēn……18
窗户 chuānghu……18
词语 cíyǔ……18
从来 cónglái……180
粗心 cūxīn……150
存 cún……96
错误 cuòwù……18

d
答案 dá'àn……18
打扮 dǎbàn……96
打扰 dǎrǎo……98
打印 dǎyìn……98
打招呼 dǎ zhāohu……212
打折 dǎ//zhé……96
打针 dǎ//zhēn……96
大概 dàgài……180
大使馆 dàshǐguǎn……20
大约 dàyuē……180
大夫 dàifu……20
戴 dài……96
当～ dāng ~……204
当时 dāngshí……20
刀 dāo……20
导游 dǎoyóu……20
到处 dàochù……180
到底 dàodǐ……182
倒 dào……96
道歉 dào//qiàn……98
得意 déyì……150
得～ děi ~……210
登机牌 dēng jī pái……20
等 děng……208
低 dī……150
～底 ~ dǐ……22
地点 dìdiǎn……22
地球 dìqiú……22
地址 dìzhǐ……22
调查 diàochá……98
掉 diào……98
丢 diū……98
动作 dòngzuò……22
堵车 dǔchē……100
肚子 dùzi……24
短信 duǎnxìn……22
对话 duìhuà……24
对面 duìmiàn……24
对于～ duìyú ~……204

e
儿童 értóng……24
而 ér……194

f

发生 fāshēng……100
发展 fāzhǎn……100
法律 fǎlǜ……24
翻译 fānyì……24
烦恼 fánnǎo……150
反对 fǎnduì……100
方法 fāngfǎ……26
方面 fāngmiàn……26
方式 fāngshì……26
方向 fāngxiàng……26
房东 fángdōng……26
放弃 fàngqì……100
放暑假 fàng shǔjià…212
放松 fàngsōng……100
份 fèn……200
丰富 fēngfù……150
否则 fǒuzé……194
符合 fúhé……102
父亲 fùqin……26
付款 fùkuǎn……102
负责 fù//zé……102
复印 fùyìn……102
复杂 fùzá……152
富 fù……152

g

改变 gǎibiàn……102
干杯 gān//bēi……102
赶 gǎn……104
敢～ gǎn ~……210
感动 gǎndòng……104
感觉 gǎnjué……104
感情 gǎnqíng……28
感谢 gǎnxiè……104
干 gàn……104
刚 gāng……182
高速公路
gāosù gōnglù……212
胳膊 gēbo……28
各 gè……206
工资 gōngzī……28
公里 gōnglǐ……200
功夫 gōngfu……28
共同 gòngtóng……152
购物 gòuwù……106
够 gòu……104
估计 gūjì……106
鼓励 gǔlì……106
故意 gùyì……182
顾客 gùkè……28
挂 guà……106
关键 guānjiàn……28
观众 guānzhòng……30
管理 guǎnlǐ……106
光 guāng……182
广播 guǎngbo……30
广告 guǎnggào……30
逛 guàng……106
规定 guīdìng……30
国籍 guójí……30
国际 guójì……152
果汁 guǒzhī……30
过程 guòchéng……32

h

海洋 hǎiyáng……32
害羞 hàixiū……152
寒假 hánjià……32
汗 hàn……32
航班 hángbān……32
好处 hǎochù……32
好像 hǎoxiàng……182
号码 hàomǎ……34
合格 hégé……152
合适 héshì……154
盒子 hézi……34
后悔 hòuhuǐ……108
厚 hòu……154
互联网 hùliánwǎng…34
互相 hùxiāng……182
护士 hùshi……34
怀疑 huáiyí……108
回忆 huíyì……108
活动 huódòng……108
活泼 huópō……154
火 huǒ……34
获得 huòdé……108

j

积极 jījí……154
积累 jīlěi……108
基础 jīchǔ……38
激动 jīdòng……154
及时 jíshí……154
即使～ jíshǐ ~……196
计划 jìhuà……110
记者 jìzhě……36
技术 jìshù……34
既然～ jìrán ~……196
继续 jìxù……110
寄 jì……110
加班 jiā//bān……110
加油站 jiāyóuzhàn…36
家具 jiājù……36
假 jiǎ……156
价格 jiàgé……36
坚持 jiānchí……110
减肥 jiǎn//féi……110
减少 jiǎnshǎo……112
建议 jiànyì……112
将来 jiānglái……36
奖金 jiǎngjīn……36
降低 jiàngdī……112
降落 jiàngluò……112
交 jiāo……112
交流 jiāoliú……112
交通 jiāotōng……38
郊区 jiāoqū……38
骄傲 jiāo'ào……156
饺子 jiǎozi……38
教授 jiàoshòu……38
教育 jiàoyù……114

接受 jiēshòu ……114
接着 jiēzhe ……184
节 jié ……200
节约 jiéyuē ……114
结果 jiéguǒ ……38
解释 jiěshì ……114
尽管～ jǐnguǎn ~ ……196
紧张 jǐnzhāng ……156
进行 jìnxíng ……114
禁止 jìnzhǐ ……114
京剧 jīngjù ……40
经济 jīngjì ……40
经历 jīnglì ……40
经验 jīngyàn ……40
精彩 jīngcǎi ……156
景色 jǐngsè ……40
警察 jǐngchá ……40
竞争 jìngzhēng ……116
竟然 jìngrán ……184
镜子 jìngzi ……42
究竟 jiūjìng ……184
举 jǔ ……116
举办 jǔbàn ……116
举行 jǔxíng ……116
拒绝 jùjué ……116
距离 jùlí ……42
聚会 jùhuì ……42

k

开玩笑 kāi wánxiào ……212
开心 kāixīn ……156
看法 kànfǎ ……42
考虑 kǎolǜ ……116
烤鸭 kǎoyā ……42
科学 kēxué ……42
棵 kē ……202
咳嗽 késou ……118
可怜 kělián ……156
可是 kěshì ……196
可惜 kěxī ……158
客厅 kètīng ……44
肯定 kěndìng ……158
空 kōng ……158
空气 kōngqì ……44
恐怕～ kǒngpa ~ ……184
苦 kǔ ……158
矿泉水 kuàngquán shuǐ ……44
困 kùn ……158
困难 kùnnan ……44

l

垃圾桶 lājītǒng ……44
拉 lā ……118
辣 là ……158
来不及 láibují ……118
来得及 láidejí ……118
来自 láizì ……118
懒 lǎn ……160
浪费 làngfèi ……118
浪漫 làngmàn ……160
老虎 lǎohǔ ……44
冷静 lěngjìng ……160
礼拜天 lǐbài tiān ……46
礼貌 lǐmào ……46
理发 lǐ//fà ……120
理解 lǐjiě ……120
理想 lǐxiǎng ……46
力气 lìqi ……46
厉害 lìhai ……160
例如 lìrú ……120
俩 liǎ ……210
连～ lián ~ ……204
联系 liánxì ……120
凉快 liángkuai ……160
零钱 língqián ……46
另外 lìngwài ……196
留 liú ……120
流利 liúlì ……160
流行 liúxíng ……120
旅行 lǚxíng ……122
律师 lǜshī ……46
乱 luàn ……162

m

麻烦 máfan ……48
马虎 mǎhu ……162
满 mǎn ……162
毛 máo ……202
毛巾 máojīn ……48
美丽 měilì ……162
梦 mèng ……48
迷路 mílù ……122
密码 mìmǎ ……48
免费 miǎn//fèi ……122
秒 miǎo ……202
民族 mínzú ……48
母亲 mǔqin ……48
目的 mùdì ……50

n

耐心 nàixīn ……162
难道～ nándào ~ ……184
难受 nánshòu ……162
内 nèi ……50
内容 nèiróng ……50
能力 nénglì ……50
年龄 niánlíng ……50
弄 nòng ……122
暖和 nuǎnhuo ……164

o

偶尔 ǒu'ěr ……184

p

排队 pái//duì ……122
排列 páiliè ……122
判断 pànduàn ……124
陪 péi ……124
批评 pīpíng ……124
皮肤 pífū ……50
脾气 píqi ……52

篇 piān……202
骗 piàn……124
乒乓球
pīngpāngqiú……52
平时 píngshí……52
破 pò……164
葡萄 pútao……52
普遍 pǔbiàn……164
普通话 pǔtōnghuà……52

q

其次 qícì……208
其中 qízhōng……52
气候 qìhòu……54
千万 qiānwàn……186
签证 qiānzhèng……54
敲 qiāo……124
桥 qiáo……54
巧克力 qiǎokèlì……54
亲戚 qīnqi……54
轻 qīng……164
轻松 qīngsōng……164
情况 qíngkuàng……54
穷 qióng……164
区别 qūbié……56
取 qǔ……124
全部 quánbù……56
缺点 quēdiǎn……56
缺少 quēshǎo……126
却 què……186
确实 quèshí……186

r

然而 rán'ér……194
热闹 rènao……166
任何 rènhé……56
任务 rènwù……56
扔 rēng……126
仍然 réngrán……186
日记 rìjì……56
入口 rùkǒu……58

s

散步 sàn//bù……126
森林 sēnlín……58
沙发 shāfā……58
伤心 shāng//xīn……166
商量 shāngliang……126
稍微 shāowēi……186
勺子 sháozi……58
社会 shèhuì……58
申请 shēnqǐng……126
深 shēn……166
甚至～ shènzhì ~……186
生活 shēnghuó……58
生命 shēngmìng……60
生意 shēngyi……60
省 shěng……60
剩 shèng……126
失败 shībài……128
失望 shīwàng……166
师傅 shīfu……60
十分 shífēn……188
实际 shíjì……166
实在 shízài……188
使 shǐ……128
使用 shǐyòng……128
世纪 shìjì……60
是否 shìfǒu……188
适合 shìhé……128
适应 shìyìng……128
收 shōu……128
收入 shōurù……60
收拾 shōushi……130
首都 shǒudū……62
首先 shǒuxiān……188
受不了 shòubuliǎo……212
受到 shòudào……130
售货员
shòuhuòyuán……62
输 shū……130
熟悉 shúxī……130
数量 shùliàng……62
数字 shùzì……62
帅 shuài……166
顺便 shùnbiàn……188
顺利 shùnlì……168
顺序 shùnxù……62
说明 shuōmíng……62
硕士 shuòshì……64
死 sǐ……130
速度 sùdù……64
塑料袋 sùliào dài……64
酸 suān……168
随便 suíbiàn……168
随着～ suízhe ~……206
孙子 sūnzi……64
所有 suǒyǒu……168

t

台 tái……202
抬 tái……130
态度 tàidu……64
谈 tán……132
弹钢琴
tán gāngqín……212
汤 tāng……64
糖 táng……66
躺 tǎng……132
趟 tàng……202
讨论 tǎolùn……132
讨厌 tǎo//yàn……168
特点 tèdiǎn……66
提 tí……132
提供 tígōng……132
提前 tíqián……132
提醒 tí//xǐng……134
填空 tiánkòng……134
条件 tiáojiàn……66
停 tíng……134
挺 tǐng……188
通过～ tōngguò ~……206
通知 tōngzhī……134
同情 tóngqíng……134

同时 tóngshí……196
推 tuī……134
推迟 tuīchí……136
脱 tuō……136

w

袜子 wàzi……66
完全 wánquán……190
网球 wǎngqiú……66
网站 wǎngzhàn……66
往往 wǎngwǎng……190
危险 wēixiǎn……168
卫生间 wèishēngjiān……68
味道 wèidao……68
温度 wēndù……68
文章 wénzhāng……68
污染 wūrǎn……136
无 wú……136
无聊 wúliáo……170
无论～ wúlùn ～……198
误会 wùhuì……68

x

西红柿 xīhóngshì……68
吸引 xīyǐn……136
咸 xián……170
现金 xiànjīn……70
羡慕 xiànmù……136
相反 xiāngfǎn……170
相同 xiāngtóng……170
香 xiāng……170
详细 xiángxì……170
响 xiǎng……138
橡皮 xiàngpí……70
消息 xiāoxi……70
小吃 xiǎochī……70
小伙子 xiǎohuǒzi……70
小说 xiǎoshuō……70
笑话 xiàohua……72
效果 xiàoguǒ……72
心情 xīnqíng……72
辛苦 xīnkǔ……172
信封 xìnfēng……72
信息 xìnxī……72
信心 xìnxīn……72
兴奋 xīngfèn……172
行 xíng……138
醒 xǐng……138
幸福 xìngfú……74
性别 xìngbié……74
性格 xìnggé……74
修理 xiūlǐ……138
许多 xǔduō……210
学期 xuéqí……74

y

压力 yālì……74
牙膏 yágāo……74
亚洲 Yàzhōu……76
呀 ya……208
严格 yángé……172
严重 yánzhòng……172
研究 yánjiū……138
盐 yán……76
眼镜 yǎnjìng……76
演出 yǎnchū……138
演员 yǎnyuán……76
阳光 yángguāng……76
养成 yǎngchéng……140
样子 yàngzi……76
邀请 yāoqǐng……140
要是 yàoshi……198
钥匙 yàoshi……78
也许 yěxǔ……190
叶子 yèzi……78
页 yè……204
一切 yíqiè……208
以～ yǐ ～……206
以为 yǐwéi……140
艺术 yìshù……78
意见 yìjiàn……78
因此 yīncǐ……198
引起 yǐnqǐ……140
印象 yìnxiàng……78
赢 yíng……140
应聘 yìngpìn……140
永远 yǒngyuǎn……190
勇敢 yǒnggǎn……172
优点 yōudiǎn……78
优秀 yōuxiù……174
幽默 yōumò……172
尤其 yóuqí……190
由～ yóu ～……206
由于～ yóuyú ～……198
邮局 yóujú……80
友好 yǒuhǎo……174
友谊 yǒuyì……80
有趣 yǒuqù……174
于是 yúshì……198
愉快 yúkuài……174
与～ yǔ ～……206
羽毛球 yǔmáoqiú……80
语法 yǔfǎ……80
语言 yǔyán……80
预习 yùxí……142
原来 yuánlái……190
原谅 yuánliàng……142
原因 yuányīn……80
约会 yuēhuì……82
阅读 yuèdú……142
云 yún……82
允许 yǔnxǔ……142

z

杂志 zázhì……82
咱们 zánmen……208
暂时 zànshí……82
脏 zāng……174
责任 zérèn……82
增加 zēngjiā……142
占线 zhàn//xiàn……142
招聘 zhāopìn……144

照 zhào …… 144
真正 zhēnzhèng …… 174
整理 zhěnglǐ …… 144
正常 zhèngcháng …… 176
正好 zhènghǎo …… 176
正确 zhèngquè …… 176
正式 zhèngshì …… 176
证明 zhèngmíng …… 82
之 zhī …… 208
支持 zhīchí …… 144
知识 zhīshi …… 84
直接 zhíjiē …… 176
值得 zhí//dé …… 144
职业 zhíyè …… 84
植物 zhíwù …… 84
只好〜 zhǐhǎo ~ …… 192
只要〜 zhǐyào ~ …… 198
指 zhǐ …… 144
至少 zhìshǎo …… 192
质量 zhìliàng …… 84
重 zhòng …… 176
重点 zhòngdiǎn …… 84
重视 zhòngshì …… 146
周围 zhōuwéi …… 84
主意 zhǔyi …… 86
祝贺 zhùhè …… 146
著名 zhùmíng …… 178
专门 zhuānmén …… 192
专业 zhuānyè …… 86
转 zhuǎn …… 146
赚 zhuàn …… 146
准确 zhǔnquè …… 178
准时 zhǔnshí …… 178
仔细 zǐxì …… 178
自然 zìrán …… 86
自信 zìxìn …… 178
总结 zǒngjié …… 146
租 zū …… 146
最好〜 zuìhǎo ~ …… 192
尊重 zūnzhòng …… 148
左右 zuǒyòu …… 86
作家 zuòjiā …… 86
作用 zuòyòng …… 88
作者 zuòzhě …… 88
座 zuò …… 204
座位 zuòwèi …… 86

さくいん 頻出語句

a

安检 ānjiǎn …… 216

b

白底 bái dǐ …… 272
白天 báitiān …… 216
班车 bānchē …… 216
办公 bàn//gōng …… 240
备 bèi …… 240
笔试 bǐshì …… 216
变 biàn …… 242
便 biàn …… 268
别提〜了 biétí ~ le …… 274
并不(没)〜 bìng bù (méi) ~ …… 274
不敢〜 bùgǎn ~ …… 242
不可〜 bùkě ~ …… 270
步行 bùxíng …… 242

c

长久 chángjiǔ …… 258
场地 chǎngdì …… 216
车灯 chē dēng …… 216
乘客 chéngkè …… 218
吃穿 chīchuān …… 218
迟 chí …… 260
抽 chōu …… 242
处 chù …… 218
出行 chūxíng …… 242
穿衣 chuānyī …… 274
此 cǐ …… 272
从〜起 cóng ~ qǐ …… 274

d

打包 dǎ//bāo …… 242
大大 dàdà …… 268
大量 dàliàng …… 260
大师 dàshī …… 218
大衣 dàyī …… 218
道 dào …… 244
得 dé …… 244
〜地 ~ dì …… 218
电 diàn …… 220
〜店 ~ diàn …… 220
定 dìng …… 244
冬暖夏凉 dōng nuǎn xià liáng …… 274
对着〜 duìzhe ~ …… 272

e

儿时 érshí …… 220

f

烦 fán……260
房租 fángzū……220
飞机餐 fēijīcān……220
～费 ~ fèi……220
夫妻 fūqī……222
服务 fúwù……244

g

改天 gǎitiān……222
敢于～ gǎnyú ~……244
～感 ~ gǎn……264
感人 gǎnrén……260
歌唱家 gēchàngjiā……222
各种各样 gè zhǒng gè yàng……274
跟着 gēnzhe……244
购 gòu……246
关注 guānzhù……246
～馆 ~ guǎn……222
光顾 guānggù……246
光照 guāngzhào……246
国球 guóqiú……222

h

海底 hǎidǐ……222
号 hào……224
红叶 hóngyè……224
～化 ~ huà……264
环保 huánbǎo……224
～会 ~ huì……224
会场 huìchǎng……224
活 huó……246
货 huò……224
获奖 huò jiǎng……276
获取 huòqǔ……246

j

既～又(也)… jì ~ yòu (yě)… ……276
加油 jiā//yóu……248
价 jià……226
～间 ~ jiān……266
将～ jiāng ~……268
价位 jiàwèi……226
接下来 jiēxialai……248
经济学家 jīngjìxuéjiā……226
景点 jǐngdiǎn……226
剧 jù……226

k

～卡 ~ kǎ……226
开机 kāi//jī……248
开关 kāiguān……228
开通 kāitōng……248
看重 kànzhòng……248
科技 kējì……228
可～ kě~……270
苦练 kǔliàn……248
快速 kuàisù……260

l

拉动 lādòng……250
乐于～ lèyú ~……250
理发师 lǐfàshī……228
～量 ~ liàng……266
列 liè……270

m

没用 méi yòng……276
美好 měihǎo……260
面试 miànshì……250
明晚 míngwǎn……228
目的地 mùdì dì……228

n

难事 nánshì……228
难听 nántīng……262
能否 néng fǒu……276
年轻人 niánqīngrén……230
女性 nǚxìng……230
暖气 nuǎnqì……230

q

亲 qīn……262
亲人 qīnrén……230
亲子 qīnzǐ……230
签 qiān……250
求助 qiúzhù……250
～区 ~ qū……266
全 quán……262
全～ quán ~……262
取得 qǔdé……250
取景地 qǔjǐng dì……230

r

热 rè……252
日子 rìzi……232

s

商家 shāngjiā……232
商人 shāngrén……232
上电视 shàng diànshì……276
上门 shàng//mén……252
上班族 shàngbān zú……232
稍等 shāo děng……276
身心 shēnxīn……232
声 shēng……272
省份 shěngfèn……232
实际上 shíjì shang……268
室外 shìwài……234
收费 shōu//fèi……252
收取 shōuqǔ……252
售票 shòu piào……278
书写 shūxiě……252
输赢 shūyíng……234
数 shù……234
熟知 shúzhī……252

睡过头
shuì guòtóu……278
～死了 ~ sǐ le……278
酸甜苦辣
suān tián kǔ là……278
孙女 sūnnǚ……234

t

特 tè……268
提交 tíjiāo……254
听课 tīng//kè……254
通 tōng……254
同桌 tóngzhuō……234
同样 tóngyàng……262
图 tú……234

w

外地 wàidì……236
网址 wǎngzhǐ……236
～温 ~ wēn……266
无法～ wúfǎ ~……254

x

喜爱 xǐ'ài……254
喜糖 xǐtáng……236
洗碗机 xǐwǎnjī……236
鲜美 xiānměi……262
相关 xiāngguān……254
响声 xiǎngshēng……236
向～学习
xiàng ~ xuéxí……278
小票 xiǎopiào……236
小区 xiǎoqū……238
小小 xiǎoxiǎo……278
心 xīn……238
新手 xīnshǒu……238
行车 xíngchē……256
～性 ~ xìng……266
修 xiū……256

y

鸭皮 yāpí……238
邀请信
yāoqǐng xìn……238
以～为… yǐ ~ wèi…280
以下 yǐxià……270
易 yì……264
有说有笑 yǒu shuō
yǒu xiào……280
有误 yǒu wù……280
有关 yǒuguān……256
有效 yǒuxiào……256
有着 yǒuzhe……256
于 yú……272
遇事 yù shì……280
原来是这样 yuánlái
shì zhèyàng……280
约 yuē……256

z

在～中 zài ~ zhōng…280
造 zào……258
怎样 zěnyàng……272
增进 zēngjìn……258
增长 zēngzhǎng……258
～长 ~ zhǎng……268
招 zhāo……258
～者 ~ zhě……266
真情实感
zhēnqíng shígǎn…282
知名 zhīmíng……264
～之后 ~ zhīhòu……270
～之间 ~ zhījiān……270
值钱 zhíqián……264
植物园 zhíwùyuán…238
指出 zhǐchū……258
纸条 zhǐ tiáo……240
准 zhǔn……264
准考证
zhǔnkǎozhèng……240
住址 zhùzhǐ……240
租车公司
zūchē gōngsī……282
做法 zuòfǎ……240

さくいん 全語句

a

爱情 àiqíng……14
安检 ānjiǎn……216
安排 ānpái……88
安全 ānquán……148
按时 ànshí……178
按照～ ànzhào ~……204

b

白底 bái dǐ……272
白天 báitiān……216
百分之～
bǎi fēn zhī ~……210
班车 bānchē……216
办公 bàn//gōng……240
棒 bàng……148
包子 bāozi……14

保护 bǎohù……88
保证 bǎozhèng……88
抱 bào……88
报名 bào//míng……90
抱歉 bàoqiàn……148
备 bèi……240
倍 bèi……200
本来 běnlái……148
笨 bèn……148
比如 bǐrú……192
笔试 bǐshì……216
毕业 bì//yè……90
便 biàn……268
变 biàn……242
遍 biàn……200
标准 biāozhǔn……14
表格 biǎogé……14
表示 biǎoshì……90
表演 biǎoyǎn……90
表扬 biǎoyáng……90
别提～了 biétí ~ le……274
饼干 bǐnggān……14
并不(没)～ bìng bù (méi) ~……274
并且 bìngqiě……192
博士 bóshì……14
不过 búguò……194
不得不～ bù dé bù ~……210
部分 bùfen……16
不敢～ bùgǎn ~……242
不管～ bùguǎn ~……194
不仅～ bùjǐn ~……194
不可～ bùkě ~……270
步行 bùxíng……242

c

擦 cā……90
猜 cāi……92
材料 cáiliào……16
参观 cānguān……92
餐厅 cāntīng……16
厕所 cèsuǒ……16
差不多 chàbuduō……180
长城 Chángchéng……16
长江 Cháng Jiāng……16
长久 chángjiǔ……258
场 chǎng……200
场地 chǎngdì……216
超过 chāoguò……92
车灯 chēdēng……216
成功 chénggōng……92
乘客 chéngkè……218
诚实 chéngshí……150
成为 chéngwéi……92
乘坐 chéngzuò……92
吃穿 chīchuān……218
吃惊 chī//jīng……94
迟 chí……260
重新 chóngxīn……180
抽 chōu……242
抽烟 chōu//yān……94
出差 chū//chāi……94
出发 chūfā……94
出生 chūshēng……94
出现 chūxiàn……94
出行 chūxíng……242
厨房 chúfáng……18
处 chù……218
穿衣 chuānyī……274
传真 chuánzhēn……18
窗户 chuānghu……18
词语 cíyǔ……18
此 cǐ……272
从来 cónglái……180
从～起 cóng ~ qǐ……274
粗心 cūxīn……150
存 cún……96
错误 cuòwù……18

d

答案 dá'àn……18
打扮 dǎbàn……96
打包 dǎ//bāo……242
打扰 dǎrǎo……98
打印 dǎyìn……98
打招呼 dǎ zhāohu……212
打折 dǎ//zhé……96
打针 dǎ//zhēn……96
大大 dàdà……268
大概 dàgài……180
大量 dàliàng……260
大师 dàshī……218
大使馆 dàshǐguǎn……20
大衣 dàyī……218
大约 dàyuē……180
戴 dài……96
大夫 dàifu……20
当～ dāng ~……204
当时 dāngshí……20
刀 dāo……20
导游 dǎoyóu……20
倒 dào……96
道 dào……244
到处 dàochù……180
到底 dàodǐ……182
道歉 dào//qiàn……98
得 dé……244
得意 déyì……150
得～ děi ~……210
登机牌 dēng jī pái……20
等 děng……208
低 dī……150
～底 ~ dǐ……22
～地 ~ dì……218
地点 dìdiǎn……22
地球 dìqiú……22
地址 dìzhǐ……22
电 diàn……220
～店 ~ diàn……220
掉 diào……98

调查 diàochá……98
定 dìng……244
丢 diū……98
冬暖夏凉 dōng nuǎn xià liáng……274
动作 dòngzuò……22
堵车 dǔchē……100
肚子 dùzi……24
短信 duǎnxìn……22
对话 duìhuà……24
对面 duìmiàn……24
对于～ duìyú ～……204
对着～ duìzhe ～……272

e

而 ér……194
儿时 érshí……220
儿童 értóng……24

f

发生 fāshēng……100
发展 fāzhǎn……100
法律 fǎlǜ……24
翻译 fānyì……24
烦 fán……260
烦恼 fánnǎo……150
反对 fǎnduì……100
方法 fāngfǎ……26
方面 fāngmiàn……26
方式 fāngshì……26
方向 fāngxiàng……26
房东 fángdōng……26
房租 fángzū……220
放弃 fàngqì……100
放暑假 fàng shǔjià……212
放松 fàngsōng……100
飞机餐 fēijīcān……220
～费 ～ fèi……220
份 fèn……200
丰富 fēngfù……150
否则 fǒuzé……194
夫妻 fūqī……222
符合 fúhé……102
服务 fúwù……244
富 fù……152
负责 fù//zé……102
付款 fùkuǎn……102
父亲 fùqin……26
复印 fùyìn……102
复杂 fùzá……152

g

改变 gǎibiàn……102
改天 gǎitiān……222
干杯 gān//bēi……102
赶 gǎn……104
敢～ gǎn ～……210
～感 ～ gǎn……264
感动 gǎndòng……104
感觉 gǎnjué……104
感情 gǎnqíng……28
感人 gǎnrén……260
感谢 gǎnxiè……104
敢于～ gǎnyú ～……244
干 gàn……104
刚 gāng……182
高速公路 gāosù gōnglù……212
胳膊 gēbo……28
歌唱家 gēchàngjiā……222
各 gè……206
各种各样 gè zhǒng gè yàng……274
跟着 gēnzhe……244
功夫 gōngfu……28
公里 gōnglǐ……200
工资 gōngzī……28
共同 gòngtóng……152
够 gòu……104
购 gòu……246
购物 gòuwù……106
估计 gūjì……106
鼓励 gǔlì……106
顾客 gùkè……28
故意 gùyì……182
挂 guà……106
关键 guānjiàn……28
观众 guānzhòng……30
关注 guānzhù……246
～馆 ～ guǎn……222
管理 guǎnlǐ……106
光 guāng……182
光顾 guānggù……246
光照 guāngzhào……246
广播 guǎngbō……30
广告 guǎnggào……30
逛 guàng……106
规定 guīdìng……30
国籍 guójí……30
国际 guójì……152
国球 guóqiú……222
果汁 guǒzhī……30
过程 guòchéng……32

h

海底 hǎidǐ……222
海洋 hǎiyáng……32
害羞 hàixiū……152
寒假 hánjià……32
汗 hàn……32
航班 hángbān……32
好处 hǎochù……32
好像 hǎoxiàng……182
号 hào……224
号码 hàomǎ……34
合格 hégé……152
合适 héshì……154
盒子 hézi……34
红叶 hóngyè……224
厚 hòu……154
后悔 hòuhuǐ……108
互联网 hùliánwǎng……34
护士 hùshi……34

互相 hùxiāng……182
～化 ～huà……264
怀疑 huáiyí……108
环保 huánbǎo……224
回忆 huíyì……108
～会 ～huì……224
会场 huìchǎng……224
活 huó……246
活动 huódòng……108
活泼 huópō……154
火 huǒ……34
货 huò……224
获得 huòdé……108
获奖 huò jiǎng……276
获取 huòqǔ……246

j

基础 jīchǔ……38
激动 jīdòng……154
积极 jījí……154
积累 jīlěi……108
及时 jíshí……154
即使～ jíshǐ～……196
寄 jì……110
计划 jìhuà……110
既然～ jìrán～……196
技术 jìshù……34
继续 jìxù……110
既～又(也)…
jì～yòu (yě)………276
记者 jìzhě……36
加班 jiā//bān……110
家具 jiājù……36
加油 jiā//yóu……248
加油站 jiāyóuzhàn……36
假 jiǎ……156
价 jià……226
价格 jiàgé……36
价位 jiàwèi……226
坚持 jiānchí……110
～间 ～jiān……266
减肥 jiǎn//féi……110
减少 jiǎnshǎo……112
建议 jiànyì……112
将～ jiāng～……268
将来 jiānglái……36
奖金 jiǎngjīn……36
降低 jiàngdī……112
降落 jiàngluò……112
交 jiāo……112
骄傲 jiāo'ào……156
交流 jiāoliú……112
郊区 jiāoqū……38
交通 jiāotōng……38
饺子 jiǎozi……38
教授 jiàoshòu……38
教育 jiàoyù……114
接受 jiēshòu……114
接下来 jiēxialai……248
接着 jiēzhe……184
节 jié……200
结果 jiéguǒ……38
节约 jiéyuē……114
解释 jiěshì……114
尽管～ jǐnguǎn～……196
紧张 jǐnzhāng……156
进行 jìnxíng……114
禁止 jìnzhǐ……114
精彩 jīngcǎi……156
经济 jīngjì……40
经济学家
jīngjìxuéjiā……226
京剧 jīngjù……40
经历 jīnglì……40
经验 jīngyàn……40
警察 jǐngchá……40
景点 jǐngdiǎn……226
景色 jǐngsè……40
竟然 jìngrán……184
竞争 jìngzhēng……116
镜子 jìngzi……42
究竟 jiūjìng……184
举 jǔ……116
举办 jǔbàn……116
举行 jǔxíng……116
剧 jù……226
聚会 jùhuì……42
拒绝 jùjué……116
距离 jùlí……42

k

～卡 ～kǎ……226
开关 kāiguān……228
开机 kāi//jī……248
开通 kāitōng……248
开心 kāixīn……156
开玩笑
kāi wánxiào……212
看法 kànfǎ……42
看重 kànzhòng……248
考虑 kǎolǜ……116
烤鸭 kǎoyā……42
棵 kē……202
科技 kējì……228
科学 kēxué……42
咳嗽 késou……118
可～ kě～……270
可怜 kělián……156
可是 kěshì……196
可惜 kěxī……158
客厅 kètīng……44
肯定 kěndìng……158
空 kōng……158
空气 kōngqì……44
恐怕～ kǒngpa～……184
苦 kǔ……158
苦练 kǔliàn……248
快速 kuàisù……260
矿泉水
kuàngquán shuǐ……44
困 kùn……158
困难 kùnnan……44

l

拉 lā……118
拉动 lādòng……250
垃圾桶 lājītǒng……44
辣 là……158
来不及 láibují……118
来得及 láidejí……118
来自 láizì……118
懒 lǎn……160
浪费 làngfèi……118
浪漫 làngmàn……160
老虎 lǎohǔ……44
乐于～ lèyú ~……250
冷静 lěngjìng……160
礼拜天 lǐbài tiān……46
理发 lǐ//fà……120
理发师 lǐfàshī……228
理解 lǐjiě……120
礼貌 lǐmào……46
理想 lǐxiǎng……46
厉害 lìhai……160
力气 lìqi……46
例如 lìrú……120
俩 liǎ……210
连～ lián ~……204
联系 liánxì……120
凉快 liángkuai……160
～量 ~ liàng……266
列 liè……270
零钱 língqián……46
另外 lìngwài……196
留 liú……120
流利 liúlì……160
流行 liúxíng……120
律师 lǜshī……46
旅行 lǚxíng……122
乱 luàn……162

m

麻烦 máfan……48
马虎 mǎhu……162
满 mǎn……162
毛 máo……202
毛巾 máojīn……48
没用 méi yòng……276
美好 měihǎo……260
美丽 měilì……162
梦 mèng……48
迷路 mílù……122
密码 mìmǎ……48
免费 miǎn//fèi……122
面试 miànshì……250
秒 miǎo……202
民族 mínzú……48
明晚 míngwǎn……228
目的 mùdì……50
目的地 mùdì dì……228
母亲 mǔqin……48

n

耐心 nàixīn……162
难道～ nándào ~……184
难事 nánshì……228
难受 nánshòu……162
难听 nántīng……262
内 nèi……50
内容 nèiróng……50
能否 néng fǒu……276
能力 nénglì……50
年龄 niánlíng……50
年轻人 niánqīngrén……230
弄 nòng……122
女性 nǚxìng……230
暖和 nuǎnhuo……164
暖气 nuǎnqì……230

o

偶尔 ǒu'ěr……184

p

排队 pái//duì……122
排列 páiliè……122
判断 pànduàn……124
陪 péi……124
批评 pīpíng……124
皮肤 pífū……50
脾气 píqi……52
篇 piān……202
骗 piàn……124
乒乓球 pīngpāngqiú……52
平时 píngshí……52
破 pò……164
葡萄 pútao……52
普遍 pǔbiàn……164
普通话 pǔtōnghuà……52

q

其次 qícì……208
其中 qízhōng……52
气候 qìhòu……54
签 qiān……250
千万 qiānwàn……186
签证 qiānzhèng……54
敲 qiāo……124
桥 qiáo……54
巧克力 qiǎokèlì……54
亲 qīn……262
亲戚 qīnqi……54
亲人 qīnrén……230
亲子 qīnzǐ……230
轻 qīng……164
轻松 qīngsōng……164
情况 qíngkuàng……54
穷 qióng……164
求助 qiúzhù……250
～区 ~ qū……266
区别 qūbié……56
取 qǔ……124
取得 qǔdé……250
取景地 qǔjǐng dì……230
全 quán……262

全～ quán ～……262
全部 quánbù……56
缺点 quēdiǎn……56
缺少 quēshǎo……126
却 què……186
确实 quèshí……186

r

然而 rán'ér……194
热 rè……252
热闹 rènao……166
扔 rēng……126
仍然 réngrán……186
任何 rènhé……56
任务 rènwù……56
日记 rìjì……56
日子 rìzi……232
入口 rùkǒu……58

s

散步 sàn//bù……126
森林 sēnlín……58
沙发 shāfā……58
商家 shāngjiā……232
商量 shāngliang……126
商人 shāngrén……232
伤心 shāng//xīn……166
上电视 shàng diànshì……276
上门 shàng//mén……252
上班族 shàngbān zú……232
稍等 shāo děng……276
稍微 shāowēi……186
勺子 sháozi……58
社会 shèhuì……58
深 shēn……166
申请 shēnqǐng……126
身心 shēnxīn……232
甚至～ shènzhì ～……186
声 shēng……272
生活 shēnghuó……58
生命 shēngmìng……60
生意 shēngyi……60
省 shěng……60
省份 shěngfèn……232
剩 shèng……126
失败 shībài……128
师傅 shīfu……60
失望 shīwàng……166
十分 shífēn……188
实际 shíjì……166
实际上 shíjì shang……268
实在 shízài……188
使 shǐ……128
使用 shǐyòng……128
是否 shìfǒu……188
适合 shìhé……128
世纪 shìjì……60
室外 shìwài……234
适应 shìyìng……128
收 shōu……128
收费 shōu//fèi……252
收取 shōuqǔ……252
收入 shōurù……60
收拾 shōushi……130
首都 shǒudū……62
首先 shǒuxiān……188
受不了 shòubuliǎo……212
受到 shòudào……130
售货员 shòuhuòyuán……62
售票 shòu piào……278
输 shū……130
书写 shūxiě……252
输赢 shūyíng……234
熟悉 shúxī……130
熟知 shúzhī……252
数 shù……234
数量 shùliàng……62
数字 shùzì……62
帅 shuài……166
睡过头 shuì guòtóu……278
顺便 shùnbiàn……188
顺利 shùnlì……168
顺序 shùnxù……62
说明 shuōmíng……62
硕士 shuòshì……64
死 sǐ……130
～死了 ～ sǐ le……278
酸 suān……168
酸甜苦辣 suān tián kǔ là……278
速度 sùdù……64
塑料袋 sùliào dài……64
随便 suíbiàn……168
随着～ suízhe ～……206
孙女 sūnnǚ……234
孙子 sūnzi……64
所有 suǒyǒu……168

t

台 tái……202
抬 tái……130
态度 tàidu……64
谈 tán……132
弹钢琴 tán gāngqín……212
汤 tāng……64
糖 táng……66
躺 tǎng……132
趟 tàng……202
讨论 tǎolùn……132
讨厌 tǎo//yàn……168
特 tè……268
特点 tèdiǎn……66
提 tí……132
提供 tígōng……132
提交 tíjiāo……254
提前 tíqián……132
提醒 tí//xǐng……134
填空 tiánkòng……134

条件 tiáojiàn……66
听课 tīng//kè……254
停 tíng……134
挺 tǐng……188
通 tōng……254
通过～ tōngguò ～……206
通知 tōngzhī……134
同桌 tóngzhuō……234
同情 tóngqíng……134
同时 tóngshí……196
同样 tóngyàng……262
图 tú……234
推 tuī……134
推迟 tuīchí……136
脱 tuō……136

w

袜子 wàzi……66
外地 wàidì……236
完全 wánquán……190
网球 wǎngqiú……66
往往 wǎngwǎng……190
网站 wǎngzhàn……66
网址 wǎngzhǐ……236
危险 wēixiǎn……168
味道 wèidao……68
卫生间 wèishēngjiān……68
～温 ～ wēn……266
温度 wēndù……68
文章 wénzhāng……68
污染 wūrǎn……136
无 wú……136
无法～ wúfǎ ～……254
无聊 wúliáo……170
无论～ wúlùn ～……198
误会 wùhuì……68

x

西红柿 xīhóngshì……68
吸引 xīyǐn……136
喜爱 xǐ'ài……254
喜糖 xǐtáng……236
洗碗机 xǐwǎnjī……236
鲜美 xiānměi……262
咸 xián……170
现金 xiànjīn……70
羡慕 xiànmù……136
香 xiāng……170
相反 xiāngfǎn……170
相关 xiāngguān……254
相同 xiāngtóng……170
详细 xiángxì……170
响 xiǎng……138
响声 xiǎngshēng……236
橡皮 xiàngpí……70
向～学习 xiàng ～ xuéxí……278
消息 xiāoxi……70
小吃 xiǎochī……70
小伙子 xiǎohuǒzi……70
小票 xiǎo piào……236
小区 xiǎoqū……238
小说 xiǎoshuō……70
小小 xiǎoxiǎo……278
效果 xiàoguǒ……72
笑话 xiàohua……72
心 xīn……238
辛苦 xīnkǔ……172
心情 xīnqíng……72
新手 xīnshǒu……238
信封 xìnfēng……72
信息 xìnxī……72
信心 xìnxīn……72
兴奋 xīngfèn……172
行 xíng……138
行车 xíngchē……256
醒 xǐng……138
～性 ～ xìng……266
性别 xìngbié……74
幸福 xìngfú……74
性格 xìnggé……74
修 xiū……256
修理 xiūlǐ……138
许多 xǔduō……210
学期 xuéqí……74

y

压力 yālì……74
牙膏 yágāo……74
呀 ya……208
盐 yán……76
严格 yángé……172
研究 yánjiū……138
严重 yánzhòng……172
演出 yǎnchū……138
眼镜 yǎnjìng……76
演员 yǎnyuán……76
阳光 yángguāng……76
养成 yǎngchéng……140
样子 yàngzi……76
鸭皮 yāpí……238
亚洲 Yàzhōu……76
邀请 yāoqǐng……140
邀请信 yāoqǐng xìn……238
要是 yàoshi……198
钥匙 yàoshi……78
也许 yěxǔ……190
页 yè……204
叶子 yèzi……78
以～ yǐ ～……206
以～为… yǐ ～ wéi………280
一切 yíqiè……208
以为 yǐwéi……140
以下 yǐxià……270
易 yì……264
意见 yìjiàn……78
艺术 yìshù……78
因此 yīncǐ……198
引起 yǐnqǐ……140
印象 yìnxiàng……78

赢 yíng……140
应聘 yìngpìn……140
勇敢 yǒnggǎn……172
永远 yǒngyuǎn……190
优点 yōudiǎn……78
幽默 yōumò……172
优秀 yōuxiù……174
由～ yóu ~……206
邮局 yóujú……80
尤其 yóuqí……190
由于～ yóuyú ~……198
有关 yǒuguān……256
友好 yǒuhǎo……174
有趣 yǒuqù……174
有说有笑 yǒu shuō yǒu xiào……280
有误 yǒu wù……280
有效 yǒuxiào……256
友谊 yǒuyì……80
有着 yǒuzhe……256
于 yú……272
愉快 yúkuài……174
于是 yúshì……198
与～ yǔ ~……206
语法 yǔfǎ……80
羽毛球 yǔmáoqiú……80
语言 yǔyán……80
遇事 yùshì……280
预习 yùxí……142
原来 yuánlái……190
原来是这样 yuánlái shì zhèyàng……280
原谅 yuánliàng……142
原因 yuányīn……80
约 yuē……256
约会 yuēhuì……82
阅读 yuèdú……142
云 yún……82
允许 yǔnxǔ……142

Z

杂志 zázhì……82
在～中 zài ~ zhōng……280
咱们 zánmen……208
暂时 zànshí……82
脏 zāng……174
造 zào……258
责任 zérèn……82
怎样 zěnyàng……272
增加 zēngjiā……142
增进 zēngjìn……258
增长 zēngzhǎng……258
占线 zhàn//xiàn……142
～长 ~ zhǎng……268
招 zhāo……258
招聘 zhāopìn……144
照 zhào……144
～者 ~ zhě……266
真情实感 zhēnqíng shígǎn……282
真正 zhēnzhèng……174
整理 zhěnglǐ……144
正常 zhèngcháng……176
正好 zhènghǎo……176
证明 zhèngmíng……82
正确 zhèngquè……176
正式 zhèngshì……176
之 zhī……208
支持 zhīchí……144
～之后 ~ zhīhòu……270
～之间 ~ zhījiān……270
知名 zhīmíng……264
知识 zhīshi……84
值得 zhí//dé……144
直接 zhíjiē……176
值钱 zhíqián……264
植物 zhíwù……84
植物园 zhíwùyuán……238
职业 zhíyè……84
指 zhǐ……144
指出 zhǐchū……258
只好～ zhǐhǎo ~……192
纸条 zhǐ tiáo……240
只要～ zhǐyào ~……198
质量 zhìliàng……84
至少 zhìshǎo……192
重 zhòng……176
重点 zhòngdiǎn……84
重视 zhòngshì……146
周围 zhōuwéi……84
主意 zhǔyi……86
祝贺 zhùhè……146
著名 zhùmíng……178
住址 zhùzhǐ……240
专门 zhuānmén……192
专业 zhuānyè……86
转 zhuǎn……146
赚 zhuàn……146
准 zhǔn……264
准考证 zhǔnkǎozhèng……240
准确 zhǔnquè……178
准时 zhǔnshí……178
仔细 zǐxì……178
自然 zìrán……86
自信 zìxìn……178
总结 zǒngjié……146
租 zū……146
租车公司 zūchē gōngsī……282
最好～ zuìhǎo ~……192
尊重 zūnzhòng……148
左右 zuǒyòu……86
座 zuò……204
做法 zuòfǎ……240
作家 zuòjiā……86
座位 zuòwèi……86
作用 zuòyòng……88
作者 zuòzhě……88

●日本語監修者

楊 達　Yo Tatsushi

早稲田大学文学学術院教授、中国語教育総合研究所所長。専門は中国語文法と第二言語習得の研究。NHK ラジオ「レベルアップ 中国語」、NHK テレビ「中国語会話」元講師。
著作は『「NHK まいにち中国語」ワークブック CD ムック リスニング・マスター！聞けて話せる中国語』（NHK 出版）、『【DVD付】動画ではじめる！ゼロからカンタン中国語 改訂版』（共著、旺文社）、「耳タン 中国語［単語］」シリーズ（学研マーケティング）など多数。

カバーデザイン	花本浩一
本文デザイン・DTP	有限会社トライアングル
イラスト	杉本智恵美
音声制作	一般財団法人 英語教育協議会
協力	古屋順子
ナレーション	李洵
	呉志剛
	都さゆり

原作：新 HSK5000 词分级词典（四～五级）
原著作者：李禄興
原著 ISBN：9787561937594

新HSK4級
必ず☆でる単 スピードマスター

令和２年（2020年）　３月 10 日　初版第１刷発行
令和４年（2022年）10 月 10 日　　第３刷発行

日本語版監修者　楊 達
発 行 人　福田富与
発 行 所　有限会社　Ｊリサーチ出版
〒166-0002　東京都杉並区高円寺北 2-29-14-705
電　話　03-6808-8801（代）　FAX 03-5364-5310
編集部　03-6808-8806
https://www.jresearch.co.jp
印 刷 所　萩原印刷株式会社

Japanese edition arranged with Beijing Language and Culture University Press
ISBN978-4-86392-473-4　